스포츠 마케팅
Sports Marketing

오주훈 著

에듀컨텐츠·휴피아

에듀컨텐츠·휴피아
CH Educontents·Huepia

머리말

현대사회에 들어서며 신종 사업이 부각되며 번창하고 있는 이 때 스포츠 마케팅 분야에서도 새로운 분야의 학문연구가 활성화되고 있다. 그리고 스포츠 산업의 성장과 함께 모든 스포츠 분야에서 스포츠 마케팅이 이루어지고 있는 실정이다. 우리나라에서도 스포츠와 관련된 재화와 서비스의 소비와 판매는 여러 광고와 기획을 통한 홍보를 통해 전개되고 있다.

스포츠 마케팅은 스포츠에 관한 이론과 실기를 겸비한 체육인들에게 새로운 일자리와 희망을 줄 수 있는 학문의 한 장르라고 볼 수 있다. 한 예로 스포츠 시설의 계획과 설계과정에서부터 경영에 이르기까지 스포츠시설업 운영의 모든 분야에 있어서 스포츠 마케팅의 여러 이론이 활용되고 있는 상황이다.

이 책의 제1장에서는 스포츠 마케팅, 제2장에서는 스포츠 산업, 제3장에서는 스포츠 스폰서십, 제4장에서는 스포츠 시장 세분화, 제5장에서는 스포츠 소비자행동, 제6장에서는 스포츠와 제품, 제7장에서는 스포츠와 가격, 제8장에서는 장소와 유통을 다루었다.

이 책에서 소개한 내용의 구성을 보면 사회 환경과 문화 변화에 따라 스포츠 마케팅의 이론들이 발전해 나가고 변화해가는 것을 알 수 있다. 앞으로 이 책이 스포츠 마케팅 분야 학문을 연구하는 학생이나 선수, 지도자, 체육 전문가들에게 도움이 되는 책이 되기를 바라는 마음이다.

끝으로 이 책이 출판되기까지 물심양면으로 도움을 주신 분들과 도서출판 에듀컨텐츠휴피아의 이상렬 대표와 임직원 여러분들께 감사를 드린다.

2020년 12월 20일
저자 **오 주 훈**

목 차

제1장 스포츠 마케팅　　　　　　　　　　　　　　　　7
　1. 스포츠 마케팅의 개념　■ 7
　2. 스포츠 마케팅의 특성　■ 15
　3. 스포츠 마케팅의 발달　■ 18

제2장 스포츠 산업　　　　　　　　　　　　　　　　　23
　1. 스포츠의 이해 및 특성　■ 23
　2. 스포츠 산업의 정의　■ 24
　3. 스포츠 산업의 특성　■ 26
　4. 스포츠 산업의 규모　■ 28
　5. 스포츠 산업의 성장 배경　■ 29
　6. 스포츠 산업의 발전 방향　■ 31

제3장 스포츠 스폰스십　　　　　　　　　　　　　　　39
　1. 스폰서십의 정의　■ 39
　2. 스포츠 스폰서십의 발전 요인　■ 43
　3. 스포츠 스폰서십의 유형　■ 47
　4. 스포츠 스폰서십의 참여　■ 52
　5. 스포츠 스폰서십의 효과　■ 58

제4장 스포츠 시장 세분화(STP 전략)　　63

   1. 시장의 세분화(Segmentation)　■ 64

   2. 시장의 표적화(Targeting)　■ 72

   3. 제품 포지셔닝(Positioning)　■ 75

제5장 스포츠 소비자 행동　　83

   1. 스포츠 소비자 의사결정과정　■ 83

   2. 스포츠 소비자 충성도 개념의 이해　■ 88

   3. 관여도　■ 90

   4. 소비자 행동 영향변수　■ 97

제6장 스포츠와 제품　　111

   1. 스포츠 제품의 개념　■ 111

   2. 스포츠 제품의 구성요소　■ 118

   3. 스포츠 신제품 개발　■ 119

   4. 스포츠 제품의 수명주기　■ 123

제7장 스포츠와 가격 ... 129

1. 가격의 개념과 중요성 ■ 129
2. 가격결정에 영향을 미치는 요인 ■ 140
3. 가격결정 전략 ■ 144

제8장 장소와 유통 ... 149

1. 장소의 개념 ■ 149
2. 장소의 구성 ■ 150
3. 유통경로의 개념 ■ 158
4. 유통경로의 유형 ■ 159

[참고문헌] ... 161

스포츠 마케팅
Sports Marketing

오 주 훈 著

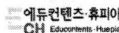

제1장. 스포츠 마케팅

1. 스포츠 마케팅의 개념

1) 마케팅의 정의

마케팅은 아이디어, 상품, 서비스, 조직, 행사 등 재화와 서비스의 제공을 기획하는 과정에서 제품 또는 서비스의 개발 방향을 설정하고, 가격을 책정하고, 판매촉진 전략을 세우고, 유통망 선정을 위한 방법을 모색하는 전략을 계획하고 실행하는 전 과정을 말한다. 즉 마케팅은 소비자인 개인과 재화 또는 서비스 제공자인 조직의 목표를 만족시키기 위해 소비자와 조직의 관계를 창조하고 유지하기 위한 모든 과정을 말한다.

생산자로부터 소비자, 또는 다른 사용자들에게 재화와 서비스의 이동을 촉진시키는 모든 경영활동을 말하며, 소비자의 환경, 선호, 태도 등을 연구하여 이러한 정보들을 구조적으로 이용하여 소비자의 취향에 맞는 제품과 서비스를 창출해 내는 것이라고 정의함으로써, 마케팅이 단순히 재화나 서비스의 판매를 위한 활동이 아니라 고객의 욕구와 필요를 충족시키는 제품생산에 필수적인 활동으로 보고 있다.

기업은 사회구성원들에게 유용한 효용을 창출해야 하는 사회적 의무를 갖고 있으며, 의무를 제대로 이행하는 기업만이 비로소 존재를 허용받고 반영할 수 있는 것이다. 즉, 기업은 사회구성원들이 원하는 제품을 생산하고 공급하는 활동을 통해 다양한 유형의 효용을 창출함으로써 소비자들을 만족시키게 된다는 것이다.

■ 1960년 미국마케팅학회(American Marketing Association)
마케팅은 "생산자로부터 소비자 또는 사용자에 이르는 제품 및 서비스의 흐름을 관리하는 기업활동(Marketing is the performance of business activities that direct the flow of goods and services from producer to consumer or user)"

■ Philip Kotler(1969)
마케팅은 "교환과정을 통하여 욕구와 필요를 충족시키려는 인간활동"

Kotler의 정의는
① 쌍방의 만족을 극대화하려는 생산자와 구매자 사이의 교환을 강조하고 있고,
② 교환의 개념을 도입하여 광범위한 인간활동을 포괄하였으며,
③ 마케팅의 주체도 기업에 국한시키지 않는다는 점이 특징이다.
④ 또한, 마케팅의 대상도 제품이나 서비스에 국한시키지 않고 욕구와 필요를 충족시키기 위한 모든 수단을 포괄하고 있다.

■ 1985년 미국마케팅학회(American Marketing Association) 수정 발표
마케팅은 "개인이나 조직체의 목적을 만족시켜 주는 상호교환을 성립시키기 위하여 아이디어, 재화 및 서비스의 개념화, 가격 결정, 촉진, 유통을 계획하고 수행하는 과정(the process of planning and executing the conception, pricing, promotion, and distribution of ideas, goods, and services to create exchange that satisfy individual and organizational objectives)이다."

따라서 마케팅 개념은 기업이나 조직이 마케팅 활동을 수행하는 시기와 사회환경에 따라서 4단계로 개념을 나누어 보고자 한다.

(1) 생산중심개념(production oriented concept)
20세기 미국에서 나타난 가장 초기의 마케팅 철학으로서 기업의 마케팅 주안점을 제품의 생산과 유통의 효율성을 개선시키는 데에 두었다. 질 좋은 제품이 소비자 필요와 욕구가 간과된 상태에서 생산됨으로써 많은 제품이 실패를 보게 되었다. 이러한 경험은 질 좋은 제품

등 소비자 욕구와 필요에 대한 이해가 선행된 마케팅 활동이 부가되어야 만이 성공할 수 있다는 교훈을 낳게 하였다.

(2) 판매중심개념(selling oriented concept)

제품은 판매되기 위해 만들어졌다는 인식이 지배적이었던 것으로 기업은 어떤 것이든지 팔 수 있다는 사고를 갖고 제품에 대한 소비자의 구매력을 높이기 위해 각종의 판매자극 수단을 개발하고, 효과적인 촉진 활동을 강화시키는 동시에 강력한 판매 조직을 구축하여야 한다는 것이다. 즉 판매지향적 사고의 초점은 판매량을 증가시키기 위한 판매기술의 개선에 있었다(김용만 외, 2000).

(3) 마케팅중심개념(marketing oriented concept)

치열한 경쟁 시대에 판매의 어려움을 해소하고 소비자의 필요한 욕구를 이해하며, 소비자가 필요로 하는 제품이나 서비스를 제공함으로서 판매가 용이해질 것이라는 사고에서 출연하게 되었다. 마케팅은 구매자의 필요에 중점을 두고 있는 것으로서 소비자지향적인 마케팅 중심개념의 특징은 다음과 같이 요약할 수 있다.

- 고객의 욕구를 이해하고 반응하는데 초점을 둔다.
- 모든 기업조직의 활동들을 고객의 욕구에 부응할 수 있도록 통합한다.
- 고객의 욕구에 부응하는데 있어서 나타나는 사회적 결과에 관심을 갖는다.
- 고객의 욕구를 충족시킴으로써 모든 목표를 달성할 수 있는 점을 강조한다.
- 이와 같은 것을 통하여 고객을 만족시키고 그 대가로 적절한 이익을 창출해야 한다.

(4) 사회지향적 마케팅개념(societal marketing concept)

소비자의 필요한 욕구를 충족시키기 위한 마케팅 활동이 오히려 사회 전체에 환경공해나 자원의 부족, 인구의 폭발적 증가, 청소년 범죄 및 세계적인 기아와 빈곤 등의 문제 등으로 악영향을 미치고 있다는 점에서 마케팅 개념이 적절한지에 대한 의문을 제기한 것이다. 과거의 대부분 기업들은 단기적으로 기업의 이익을 추구하기 위한 마케팅 의사결정을 하였다.

개념	전제	관리초점	예	맹점
생산개념	소비자는 값싸고 구매하기 쉬운 제품을 찾는다.	생산효율 관리효율	포니 삼양라면	소비자에게 선택이 있을 경우 찾지 않음
판매개념	제품을 소비자가 구매하도록 설득이 가능하다.	광고 판매촉진	영화 보험	소비자는 한 번 속지 두 번 속지 않음
마케팅개념	소비자가 욕구를 충족한 경우 기업의 욕구도 충족 가능	소비자조사 소비자만족	Nix Zipel	수요/공급 외의 요인도 중요
사회지향 마케팅개념	기업과 소비자는 유기체적 관계이다.	공동체의식	유한킴벌리 하이브리드카 개발	평가 모호한 기준

그리하여 기업의 이익은 단기적으로 수익을 창출하였으나 장기적으로 소비자의 욕구를 충족시켜줄 수 있는 사회지향적인 마케팅의 개념이 필요하다는 것을 인지하게 된 것으로, 사회적 마케팅 개념은 기업이 사회 전체의 이익, 소비자의 욕구 충족, 기업 이윤이라는 세 가지 측면을 모두 고려하여 마케팅 의사결정을 하도록 하는 마케팅 관리 철학이라고 할 수 있다.

2) 스포츠 마케팅의 정의

스포츠 마케팅은 아래의 다양한 분야에 사용되는 용어이다.
- 스포츠 마케팅 회사의 다양화와 기업화
- 일반 기업의 상품 인지도 향상을 위한 스포츠 마케팅
- 스포츠 마케팅의 국제화
- 선수 가치 극대화를 위한 스포츠 마케팅
- 프로스포츠 활성화를 위한 스포츠 마케팅
- 지역 발전과 스포츠 마케팅

현대에는 경제가 고도로 발전함에 따라 국민의 여가 시간이 증대됨으로써 스포츠 참여형 태도 변화 및 전환기를 맞이하였다. 특히 상업 스포츠 시설이 활성화가 되고, 아마추어, 프로스포츠 및 생활체육이 널리 보급되면서 스포츠의 대중 참여 또는 관람스포츠로 승화되고 있다. 이에 부응하여 스포츠 관중과 스포츠참가자의 돈을 획득하려는 경쟁과 함께 전문적인 스포츠 마케팅에 대한 수요가 증가되었다.

스포츠 마케팅은 단순한 판매나 홍보를 목적으로 하는 것이 아니며 스포츠 소비자와 관계 형성에 관련된 모든 단계를 지칭한다.

스포츠 마케팅 과정을 진행하기 위해서는 먼저 소비자의 욕구를 파악하여야 한다. 소비자는 무엇을 원하는지, 어떤 상품이나 서비스가 세상에 나오길 기대하는지 파악하여야 하며 그것을 구체화하여 규정하여야 한다. 이 과정에서는 마케팅의 타겟이 되는 소비자층의 욕구가 무엇인지 알아야 한다.

다음으로 스포츠 소비자를 만족시키기 위한 전략을 짜야 한다. 스포츠 제품 또는 서비스 제공자는 경쟁업체 또는 잠재 경쟁자들보다 뛰어난 제품 또는 서비스를 제공하기 위해 노력하여야 한다. 이를 위해서는 철저한 시장조사를 하여 이를 바탕으로 고객을 만족시킬 수 있는 영역을 찾고 해결방안을 기획하여야 한다.

마지막으로 스포츠 마케팅의 최종 전략적 결정을 내려야 한다. 이는 스포츠 마케팅 기법을 사용하는 이유로 이러한 전략적 결정에는 제품

또는 서비스 형태 설정, 가격 책정, 판촉, 유통 세부 전략을 총체적으로 고려하여 세우는 과정 모두가 포함된다.

스포츠 마케팅(sport marketing)은 스포츠(sport)와 마케팅(marketing)의 두 개념이 통합되어 이루어진 어휘이다. 즉 스포츠 산업, 조직 혹은 서비스 분야는 프로스포츠, 아마추어 스포츠, 휘트니스에 관련된 모든 분야에서 필요로 하는 복합적인 업무를 수행하게 된다. 스포츠 마케팅이라는 어휘는 그런 의미에서 생산력의 향상과 여가의 보장을 전제로 한 고도의 역사적 산물인 것이다.

mullin, hardy, sutton(1993)의 스포츠 마케팅 정의: "스포츠 마케팅은 교환과정을 통해 스포츠소비자들의 욕구와 기대를 충족시키는데 목표를 둔 활동의 총집합이다"라고 하였다. 이러한 정의는 스포츠 마케팅의 이해에 큰 도움을 주고 있다.

스포츠 마케팅은 스포츠의 마케팅(marketing of sport)과 스포츠를 통한 마케팅(marketing through sports)으로 나눌 수 있다. 먼저 스포츠의 마케팅은 '관람스포츠와 참여스포츠 시장에서 보다 많은 관람 중이나 회원을 확보하는 것에서부터 스포츠 용품이나 시설, 이벤트, 서비스, 프로그램 등을 판매하기 위해 행하는 게임 및 각종 스포츠 단체에 의해 추구되는 마케팅 활동'을 의미한다.

즉, 프로스포츠구단이 팬 서비스 행사를 개최하여 관중의 증대를 꾀하는 활동, 경기장 시설의 개선, 구단의 유니폼, 모자 등의 제품화로 스포츠 소비자에게 알리는 행위를 말한다.

스포츠를 통한 마케팅은 마케팅의 주체가 기업으로 스포츠를 이용해서 이윤추구를 목표로 하고 있다. 즉 기업이 스포츠를 이용해서 회사의 이미지를 향상시키고 더 많은 제품을 판매하며 그와 관련된 활동을 하는 것이다. 즉, 기업이 현금, 물품, 조직적 서비스를 스포츠 스타, 팀, 경기단체, 조직 등에게 지원하는 것으로 기업은 이를 통해 표적시장에 브랜드 또는 이미지를 효과적으로 커뮤니케이션 할 수 있고 목적을 달성할 수 있다.

* 스포츠를 통한 마케팅의 세부영역

개념	전제
스폰서십 (Sponsorship)	회사가 스포츠이벤트 등에 사용되는 전체 비용이나 상당 비용을 지불하여 후원하는 행사명을 사용하거나 대회를 후원한다는 내용을 광고할 수 있는 권리이다.
라이센싱 (Licensing)	스포츠단체, 팀 또는 개인의 로고나 마스코트를 후원하는 기업의 제품에 부착하여 판매할 수 있는 권리이다.
머천다이징 (Merchandising)	스포츠대회, 선수나 팀의 마스코트, 로고, 선수 캐릭터 등을 활용해 기념품, 기타 제품을 만들어 판매할 수 있는 권리이다.
인도스먼트 (Endorsement)	선수나 팀의 이미지를 기업과 제품 이미지로 활용하기 위해 선수나 팀을 후원하여 그들의 자사 제품을 경기 중에 착용하거나 사용하도록 하는 권리이다.
TV 중계권	대회운영단체에 일정 금액을 내고 경기를 방송하거나 TV 중계에 관한 모든 권한을 위임받아 일정 금액을 받고 방송중계권을 각 나라 방송사에 판매할 수 있는 권리이다.

3) 스포츠 마케팅의 개념

(1) 필요

필요는 인간이 근원적으로 가지고 있는 의, 식, 주, 안전, 소속감 등 기본적인 부분들이 부족한 상태에서 가지는 욕구를 밀한다. 필요의 예로는 살을 빼고자 할 때는 운동 욕구를 가지고, 소속감을 바랄 때는 생활체육 동호회에 가입하려 하게 된다.

스포츠가 하나의 비즈니스가 되면서 스포츠 분야와 또는 새로운 학문적 분야간에 경쟁이 심화되었고 소비자들을 유인하기 위해 스포츠 마케팅 기술을 활용하면서, 스포츠 마케팅 전문가를 각 조직들이 영입하게 되는 것으로 볼 수 있다.

스포츠 마케팅의 필요성에 대하여 알아보자.

첫째, 스포츠산업 규모의 확대로 주택건설협회의 조사에 의하면 2005년 여가산업은 38조 원 규모의 시장으로 주 5일 근무제의 도입으로 소비자들은 더 많은 스포츠 활동, 여가활동을 하게 될 것으로 가정하면서 필요성이 부각된다.

둘째, 스포츠 소비자들의 만족 증진을 위해 스포츠 산업 시장은 전문적인 지식과 능력 없이는 도전할 수 없는 것으로 스포츠 제품 및 경기관람에 관한 전문적인 지식을 갖추기 못한 소비자에게 스포츠 제품 구매에 따른 사용법, 특징, 경기관람에서의 경기를 즐겁게 관람할 수 있도록 설명, 경기시설물의 편리성 등 소비자들이 쉽게 인지하고 사용할 수 있도록 해야 한다.

셋째, 기업커뮤니케이션의 수단으로 스포츠는 이미 세계가 공유하는 국가적 차원에서 정책적으로 개발하고 발전시켜야 하는 분야이다. 또는 스포츠가 TV라는 매체를 통하여 기업들은 자사의 제품 및 브랜드의 국제적 진출을 위한 촉진전략의 하나로 스포츠를 적극 활용하면서 스포츠 비즈니스가 국제화된 것이다. 이렇듯 기업은 스포츠가 가진 깨끗한 이미지를 최고의 광고수단으로 사용하게 되었다.

- 소비자들에게 스포츠가 주는 긍정적 이미지를 심어준다.
- 소비자들에게 쉽게 다가갈 수 있는 커뮤니케이션 도구이다.
- 스포츠 보도의 증가를 스폰서에게 미디어의 노출이라는 간접광고 효과를 제공한다.
- 스포츠는 문화적, 사회적 언어장벽을 뛰어넘어 전 세계에 접근할 수 있다.

(2) 수요

수요는 구매의사와 구매능력을 가진 상태에서 특정 제품에 대한 소비자의 욕구를 말하는 개념이다. 어떠한 제품이나 서비스를 구매하려는 사람들이 있는 경우에 그 제품이나 서비스에 대해 수요가 있다고 할 수 있다.

(3) 제품

스포츠 소비자는 필요를 충족시키기 위해서 제품을 구매하고 사용한다. 제품의 범위는 넓은 의미에서 인간의 욕구를 충족시킬 수 있는 모든 것이 제품의 범위에 포함된다.

(4) 교환

교환이란 두 당사자가 상대방이 필요로 하는 것을 주고 그 대가로 자신이 원하는 품목을 얻는 것을 말한다. 교환은 두 명의 교환 당사자가 있어야 하고 각 당사자들은 상대에게 가치있는 것을 가지고 있어야 하며 자유로운 의사소통을 하여야 상대와의 거래가 적절히 이루어져 교환이 된다.

(5) 시장

시장이란 제품이 교환되는 장소 또는 제품을 교환하는 사람들의 집합을 의미한다. 시장은 최근에는 인터넷 공간에서도 매매가 되어 제품이나 서비스의 실제 또는 잠재적 고객집단의 결합체라고도 할 수 있다.

스포츠 마케팅은 시장에서의 제품 교환과정에 참여하는 스포츠 소비자의 필요와 수요를 만족시켜주기 위해 계획된 모든 활동을 지칭한다.

2. 스포츠 마케팅의 특성

스포츠 마케팅의 주요 특성을 대변하는 특성은 스포츠 마케팅의 5P's라고 할 수 있다. 제품, 가격, 유통, 촉진, 홍보 등을 의미한다.

1) 제품(Product)

스포츠와 관련된 제품으로 무형과 유형의 제품으로 구분되며, 무형의 제품으로는 프로스포츠의 경기 그 자체나 스포츠센터에서의 서비스를 예로 들 수 있다. 유형의 제품은 스포츠용품으로 스포츠의류나 운동용구 등을 들 수 있다.

2) 가격(Price)

구매자가 판매자로부터 제품을 제공받는 대가로 지불되는 화폐액으로 그 제품의 효용 또는 가치를 나타낸다.

3) 유통(장소, Place)

스포츠제품이 생산되는 곳으로 무형의 제품은 경기장이나 스포츠센터 등과 같이 제품이 생산되고 있는 시설을 의미하고, 유형의 제품은 스포츠용품이 생산자로부터 소비자에게 전달되는 일련의 과정을 의미한다. 즉, 공장에서 제품이 생산되고, 중간 도매상을 거쳐 소매상으로 이어지며 마지막에는 소비자들이 구매하는 일련의 모든 과정이 포함된다.

4) 촉진(Promotion)

표적시장에 속한 고객이 스포츠제품을 구매하도록 광고, 개인판매, 판매촉진, 공보(언론홍보) 등의 적절한 수단을 동원하여 제품에 관한 이미지나 특성을 고객들에게 전달하여 소비를 진작시키는 의사소통 수단을 의미한다.

5) 홍보(PR, Public Relations)

스포츠 관련 조직(기업)을 둘러싸고 있는 공중으로부터 호의적인 관계를 유지하기 위한 노력으로서, 크게 내부공중(Internal Public)과 외부공중(External Public)으로 구분할 수 있다.

6) 스포츠를 통한 마케팅의 세부영역

① 스폰서십(Sponsorship)

　기업이 스포츠 이벤트에 소요되는 전체 비용 또는 상당 비용을 현금으로 지불하거나 그에 상응하는 물품 등을 후원하여 행사명을 사용하거나 대회를 후원한다는 내용을 광고할 수 있는 권리를 말한다.

② 라이센싱(Licensing)

　스포츠 경기단체, 팀 또는 스타에게 일정 금액을 지불하고, 로고나 마스코트를 기업의 기존 상품에 부착하여 판매할 수 있는 권리를 말한다.

③ 머천다이징(Merchandising)

　스포츠 대회, 팀, 선수에게 일정 금액을 지불하고 마스코트, 로고, 선수 캐릭터 등을 활용해 기념품 등 기타 제품을 새롭게 만들어 판매할 수 있는 권리를 말한다.

④ 인도스먼트(Endorsement)

　선수나 팀의 이미지를 기업과 제품의 이미지 향상에 활용하기 위해 선수나 팀을 후원하여 자사제품을 경기 중에 착용시키거나 사용하도록 하는 권리를 말한다.

⑤ TV중계권

　스포츠 이벤트를 주관하는 단체에 일정 금액을 지불하고, 스포츠 이벤트를 방송할 수 있는 권리를 획득하거나, TV중계에 관한 모든 권한을 위임받아 각 나라 방송사에 일정 금액을 받고 방송중계를 판매할 수 있는 권리를 말한다.

• 스포츠 마케팅

3. 스포츠 마케팅의 발달

1) 스포츠 마케팅의 시작

한국의 스포츠 마케팅은 프로레슬링과 프로복싱의 프로모터들이라고 할 수 있다. 이때 프로스포츠의 인기는 국민적인 열광과 적극적인 홍보로 스포츠인들의 열광적 후원에 힘입어 높아졌다. 1980년대에 들어서 국내 스포츠 시장은 1982년 프로야구와 1983년 프로축구의 탄생으로 스포츠 마케팅의 역할을 처음으로 인식하게 되었고 1986년 아시안게임과 1988년 서울올림픽을 통해 많은 이들에게 효용성이 알려지면서 관심을 받기 시작했다. 그러나 스포츠 시장을 통한 마케팅에는 대중의 관심을 끌 수 있는 정도에 따라 그 효과가 큰 차이를 보인다는 특성이 있기에 스포츠 마케팅이 정착되는 데에는 어느 정도의 시간이 필요하였다.

1993년 6월 국내 제일기획과 히로시마 아시안게임 조직위원회가 한국 내 휘장사업 독점대행 계약을 맺은 것은 스포츠 마케팅 광고사의 인식전환으로 높이 평가될 수 있다. 이후 국내 스포츠 마케팅 사업은 라피도, 액티브, 아디다스, 나이키, 프로스펙스 등의 스포츠용품 기업, 대한항공, 포카리스웨트, 코카콜라, 하이트맥주, 삼성, 현대, LG, 각 경기단체 등에 의해 활발히 이루어지게 된다.

2000년 미국프로야구 홈런왕 마크 맥과이어(Mark McGwire)의 연봉은 약 101억 5천만 원이지만 1999년 한국프로야구 홈런타자 이승엽은 약 3억 원으로 맥과이어에 비해 3% 수준에 머물렀다. 근래에는 한국프로야구 선수들도 100억대의 선수들이 배출되고 있는 추세이다. 연봉 격차는 리그의 경제적 규모, 경기기록과 그 외 요인들을 근거로 책정되었지만 거액 연봉 선수들과 연봉 최하위 선수들 간 연봉 격차가 심해 선수들 간 위화감이 조성되기도 한다. 이러한 연봉 격차는 이미 모든 스포츠 산업에서 나타나고 있는 특성이며 작은 기록에서의 차이와 보이지 않는 부분에서의 기여도가 연봉에 많은 영향을 미친다고 볼 수 있다.

2) 스포츠 마케팅의 발전

스포츠는 시대의 흐름에 따라서 계속 변화하고 있으며 현대에 이르러서는 소비자들의 욕구와 생활의 다양화로 인해 새롭게 변화하는 상황이다. 스포츠 산업은 부가가치를 다양하게 가지고 있는 산업으로 세계 많은 나라에서 주목받으며 크게 성장하였다.

스포츠 마케팅은 상품판매, 광고, 스포츠 스타, 각종 스포츠 행사 등의 스포츠 산업에서 판촉, 홍보, 행사를 통하여 여러 기업과 함께 스포츠 제품, 서비스, 대회 개최 측면에서 성공적으로 마케팅 효과를 끌어내고 이는 기업 홍보 효과와 기업의 사회적 책임을 다하게 하는 결과를 가져오기도 한다.

3) 기업 스포츠 마케팅 활용

기업의 스포츠 마케팅 활동 목적은 회사의 이미지 제고와 홍보라고 할 수 있다. 기업은 마케팅 수단으로 온·오프라인 매체를 통한 광고를 하며 이러한 매체 외에 스포츠를 활용하여 기업 이미지를 제고시키는 기업 브랜드 마케팅, 기업의 사회적 책무 수행을 동시에 진행하는 사례도 많이 볼 수 있다. 이러한 스포츠 마케팅은 소비자의 구매 욕구에 영향을 미치며 기업의 장기적인 발전에 도움이 되는 측면이 있다. 기업의 광고 방식에는 기억에 남지 않는 광고 방식과 광고 효과가 큰 방식이 나타나고 있다. 기업의 광고에는 인기 연예인과 같은 사람이 나오는 경우가 많으며 스포츠에서는 스포츠 선수가 그러한 역할을 한다. 이러한 스포츠 마케팅을 활용한 광고에 책정되는 스포츠 스타의 출연료는 연예인 모델과 같은 기준으로 산정되고 있다. 스포츠 중계와 함께 등장하는 광고는 경기 전, 중, 후에 기업의 로고나 상품이 홍보되고 있으며 이에 소비자들은 자연스럽게 기업 브랜드에 익숙해지게 된다.

4) 프로스포츠 활성화

　우리나라 국민은 여가가 확대되어 삶의 질 향상을 위해 스포츠와 관련한 소비를 통한 취미활동이 많아지고 있다. 국내 스포츠도 TV 또는 인터넷 중계가 이루어지면서 스포츠 참여가 대중화되고 있다. 프로스포츠는 협회와 기업의 자본, 중계 미디어 등을 통하여 날로 발전하고 있으며 이에 참여하는 기업에 홍보 효과를 가져다준다.
　프로스포츠는 스포츠 상품 생산을 통해 스포츠 산업 시장을 이끌어 가는 중요한 기반을 제공하였다. 이에 따라 프로스포츠에 대한 소비자들의 관심 증대는 스포츠 산업의 성장을 가져오는 데 중추적인 역할을 하였다.

5) 글로벌 스포츠 마케팅

　프로스포츠 중계 미디어의 발달은 TV와 온라인 매체를 통해 세계의 스포츠 관중을 열광하게 하는 중요한 역할을 하였다. 그리고 스포츠 관람에 대한 관심뿐만 아니라 스포츠에 참여하고자 하는 욕구를 증대시켰다. 올림픽, 월드컵, 세계 대회와 같은 메가스포츠이벤트도 스포츠에 관심을 증대시키고 참여 욕구를 높이는 중요한 요인이다. 그리고 유명한 스포츠 스타를 따라 운동 종목을 좋아하고 열광하는 관람객도 나타나게 되었다.

6) 발전하는 스포츠 마케팅

　국내 스포츠 선수들은 올림픽, 월드컵, 세계 대회를 통해 그 실력을 인정받고 국내 무대에서 세계 무대로 진출하고 있는 추세이다. 야구 종목에서는 한국인 선수들이 KBO리그에서 선수 생활을 한 뒤 메이저리그 진출을 하는 사례가 많아지고 있으며 축구 종목에서는 국내 대학, 국내리그에서의 선수 생활을 발판으로 한 유럽리그 진출, 해외 유소년 클럽에서의 유소년 선수 생활을 바탕으로 한 유럽리그 진출 등의 사례가 많이 있다. 골프 종목에서는 국내 선수 생활을 바탕으로 한 일본, 미국 진출의 사례가 많으며 이렇게 해외 리그가 활성화된 여러 종목에서 해외진출 사례가 늘어나고 있다. 이와 같은 선수의 노력과 국민의 관심에 힘입어 새로운 스포츠 스타를 모델로 한 기업의 스포츠 마케팅은 기업이미지 상승을 가져오며 용품 지원, 대회 지원도 스포츠 마케팅을 통한 매출 증대에 큰 역할을 한다.

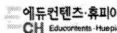

제2장. 스포츠 산업

1. 스포츠의 이해 및 특성

　스포츠(Sports) 단어의 어원은 라틴어에 뿌리를 두고 있으며, 19세기 이후 프랑스어인 disport로 표기되기 시작하였다. 여기서 dis는 분리를 의미하는 것으로 접두어 away에 해당하며, port는 나르다(carry)의 의미를 담고 있다. 따라서 disport를 carry away로 직역할 수 있으며, 이는 ~을 가져가 버리다. 즉, 기분전환을 의미한다고 볼 수 있다.
　sport를 표기함에 있어 sport와 sports에 대한 혼동이 발생하곤 한다. 일부는 단수와 복수의 개념으로 접근할지 모르겠지만, 이는 영국과 미국의 표현 방식에서 발생한 차이 중 하나이다. 영국의 경우 운동이라는 집합명사는 sport로 표기하며, 미국의 경우 단수 복수의 개념과 상관없이 모두 sports로 표기한다. 따라서 sport와 sports 표기 모두 옳은 표현이다.
　국내에서는 sport 보다 sports의 표기를 더욱 친근하게 느낀다. 하지만 이보다 이전에는 체육이라는 용어를 더욱 많이 사용하였다. 체육(體育)의 용어를 한자풀이할 때, 몸 체(體), 기를 육(育)의 용어와 같이 건전한 몸과 온전한 운동능력을 기르는 것을 목적으로 한다. 여기에서 우리는 체육과 스포츠에 대한 차이를 명확히 인지해야 한다. 체육이 단순히 자신의 신체를 단련하기 위한 과정이라면, 스포츠는 체육에서의 신체적 활동 이외에 규칙, 경쟁이 수반된 보다 큰 개념으로 이해해야 한다.
　스포츠는 크게 두 가지의 형태로 구분된다. 바로 참여형(Do) 스포츠와 관람형(See) 스포츠의 두 가지 형태이다. 우리는 일상생활 속에서 다이어트, 즐거움 및 스스로의 성취감 등과 같은 다양한 이유로 스포츠에 참여한다. 이때, 누군가는 스포츠에 직접 참여하는 참여형(Do) 스포츠를 선호할 것이고 누군가는 간접적인 스포츠 활동에 참여하기 원하는 관람형 스포츠를 선호하기도 한다. 최근에는 현대인들의 건강에 대한 관심이 증가하고 각종 스포츠 인프라가 구축됨에 따라, 과거에 비해 참여형 스포츠의 선호도가 높아지고 있는 실정이다.

스포츠는 그 형태가 다양하기 때문에 그 특성을 한마디로 표현하기 어렵다. 일반적으로 스포츠의 본질적 특성은 놀이, 규칙, 시설, 기술, 장비로 설명된다.

첫째, 스포츠는 놀이의 개념을 포함하고 있다. 스포츠는 강제성이 없는 자발적 참여를 전제하며, 활동 자체의 즐거움에 만족한다. 둘째, 제도화된 규칙이 필요하다. 규칙을 통해 상호 동등한 경쟁의 조건도 형성된다. 규칙이 없다면, 단순한 놀이에 불과하다. 셋째, 규격화된 시설이 필요하다. 이는 앞서 언급한 규칙에 근거한다. 물론 규격에 맞지 않는 공간 속에서도 스포츠 활동의 참여가 가능하다. 하지만, 일반적으로 특정 종목의 활동에 참여하기 위해서는 기존에 정해진 룰을 반영할 수 있는 규격화된 공간이 필요하다. 넷째, 스포츠 활동에 참여하기 위해서는 일정 수준 이상의 기술을 요구한다. 야구경기에서 투수가 스트라이크를 던질 수 없다면, 탁구 경기에서 상대방이 서브를 받을 수 없다면 스포츠는 진행될 수 없다. 마지막으로 도구와 장비를 활용한다. 운동화와 운동복과 같은 기본적인 의류를 비롯하여 앞서 제시한 야구경기의 경우 베이스, 라인, 배트, 볼 등의 다양한 장비를 필요로 한다. 최근 경기력 향상을 위해 이러한 장비들의 기술개발 등이 다방면으로 진행되고 있다.

2. 스포츠 산업의 정의

스포츠가 산업으로서의 인정을 받기 시작 한 시기는 그리 길지 않다. 국내의 경우 1980년대부터 1990년 초반까지 체육 산업이라는 용어로 불리기도 하였으나, 대부분 소규모의 영세 업체로 운영되었으며, 국가의 정책적 지원 역시 미비하였다. 특히, 당시 스포츠는 단순히 국민들의 여가선용을 위한 것이라는 명분하에 기업들의 이윤추구를 위한 자발적 참여가 아닌 사회 환원적 성격이 강해, 스포츠 산업으로의 발전에 어려움이 있었다. 이후 2000년대부터 스포츠를 하나의 상품으로 간주하고 다수의 기업들이 자발적으로 참여하는 거대한 시장으로 발전하였으며, 더 나아가 국가 발전을 주도하는 핵심 산업으로 인정받고 있다.

최근에는 스포노믹스(sports와 economics의 합성어)라는 스포츠의 경제적 가치에 주목하는 신조어가 탄생하기도 하였다. 이는 최근의 스포츠가 이벤트, 관광, 엔터테인먼트, 정보통신기술(ICT) 등과 융복합해 경제적 가치가 높아짐에 따라 생겨난 용어로 4차 산업혁명의 시대와 맞물려 유망산업으로 각광받고 있다.

스포츠 활동과 스포츠 활동을 지원하거나 스포츠 활동의 경제적 가치를 확장시키려는 다양한 경제활동이 포함된 광범위한 것으로 볼 수 있다. 특히, 여기서 이야기하는 스포츠 활동이란 직·간접적 모든 활동을 의미하며, 크게 참여 스포츠 형태와 관람 스포츠 형태로 구분할 수 있다. 앞서 제시한 바와 같이 참여 스포츠란 스포츠에 직접적으로 참여하는 형태를 의미한다. 이때, 참가자는 참가비용, 시설이용료, 참가를 위한 용품 구매비용 등과 같은 경제적 활동이 수반될 수 있다. 반면, 관람 스포츠란, 스포츠에 간접적 참여를 의미하는 것으로 프로스포츠의 관람, 스포츠 이벤트 관람 등의 형태를 들 수 있다. 이 역시, 관람비용, 기념품 구매, 응원 용품 구매 등의 광범위한 경제적 활동이 수반된다. 따라서 스포츠 산업이란, 스포츠 활동에 참가한 소비자의 욕구를 충족시키기 위해 각종 재화나 서비스를 제공하는 것으로 다음과 같이 정의할 수 있다.

> * **스포츠 산업의 정의**
> 스포츠 산업이란 스포츠 활동에 필요한 유·무형의 재화나 서비스를 생산 유통시켜 부가가치를 창출하는 산업이다.

3. 스포츠 산업의 특성

스포츠 산업이란 스포츠 활동에 필요한 유·무형의 재화나 서비스를 생산 유통시켜 부가가치를 창출하는 산업이다.
스포츠 시장에는 다음과 같은 특성이 있다.

1) 스포츠 산업은 복합적인 산업분류 기준을 가진 산업이다.

G. G. Clark가 그의 저서 경제 진보의 조건(The Conditions of Economic Progress, 1940)에서 사용한 산업구조의 분류를 통해서 스포츠용품 제조업은 2차 산업으로, 스포츠 시설업 중 스포츠 시설 운영업과 스포츠 용품 유통업, 스포츠 서비스업은 3차 산업으로 분류할 수 있다.

2) 공간·입지 중시형 산업이다.

스포츠 참여 활동에는 적절한 장소와 입지 조건이 선행되어야 한다. 스포츠 산업 분야의 서비스는 입지조건이나 시설에 대한 의존도가 높은데, 예를 들어 스키장 그리고 골프장 또는 스포츠 고객들이 즐기는 스포츠 관람 시설 또는 스포츠 레저 관련 시설은 얼마나 쉽게 접근할 수 있는 위치에 있으며, 어느 정도의 규모나 시설을 갖추고 있느냐가 소비자들에게 있어 관심의 대상이 될 수 있다. 뿐만 아니라 해양 스포츠나 스키, 골프 등은 제한된 장소에서만 그 활동이 가능하기 때문에 공간의 입지 조건에 크게 의존하고 있다.

3) 시간 소비형 산업이다.

스포츠 산업은 산업의 발달에 따른 노동시간의 감소와 함께 발전해 왔으며 삶의 질 제고를 위한 여가활동의 증대로 발전한 산업이라 할 수 있다. 관람스포츠와 참여스포츠가 활성화되는 것은 체육 및 스포츠 활동에 소비하는 시간이 크게 늘어난 것이다.

4) 오락성이 중시되는 산업이다.

스포츠가 하나의 산업이 될 수 있었던 이유는 스포츠가 필요에 의해서라기보다는 재미와 관련된 오락이 존재하기 때문인 것이다. 대중들은 의식주가 해결되면, 그 외의 삶의 질적인 수준을 높이고 삶 속에서 여유를 찾는 스포츠 활동을 하게 된다. 스포츠를 관람하거나 직접 행하는 행위는 오락적인 마인드가 존재하기 때문인 것이다.

5) 감동과 건강을 가져다주는 산업이다.

스포츠는 각본 없는 드라마라고 할 정도로, 감동으로 사람들의 눈과 귀로 전달된다. 영화나 연극 같이 각본에 의해서 전달되는 감동과는 완전히 다른 감동을 전달한다. 이러한 감동을 전달할 수 있는 산업은 스포츠 산업뿐이다.

6) 스포츠 산업은 성장잠재력과 고용효과가 큰 산업이다.

소득 탄력성이 높은 선진국형 산업으로서 세계적으로도 문화산업 평균보다 높은 연평균 5.2%의 성장률을 전망하고 있으며, 국내 스포츠 서비스업(경기, 시설, 마케팅업/용품업 제외)은 11.5만 개의 일자리를 제공하고 있는 것으로 나타났다.

7) 스포츠는 다른 산업과 쉽게 결합 가능하다.

스포츠는 타 산업과 쉽게 결합하는 특성을 갖고 있다. 스포츠를 기반으로 미디어, 의학, 등 다양한 산업과의 결합된 새로운 형태의 산업들이 성장하고 있으며, 이러한 산업들 역시 고객들의 필요(Needs)를 기반으로 한 새로운 전문성을 갖춘 전문 분야로서 성장하고 있다.

4. 스포츠 산업의 규모

국내 스포츠 산업은 건강과 여가활동에 관한 관심 증가로 스포츠용품업, 스포츠시설업, 스포츠서비스업을 중심으로 빠르게 성장하고 있다. 국내 스포츠 산업은, 관광산업의 약 1.6배(2016년 기준 26조 원 규모)에 달하는 큰 시장규모로 2016년 기준 44조 원으로 나타났다. 특히, 여가시간 증대와 건강에 관한 높은 관심에 따른 등산 및 캠핑 인구가 급격한 증가로 나타나고 있으며 이는 국내 아웃도어 시장(2016년 기준 7조 원)의 꾸준한 성장계기가 되어주고 있다. 해외의 경우, 미국의 아웃도어 시장 규모는 11조 원, 유럽연합은 9조 원으로 나타났다. 또한, 2016년 올림픽파크텔에서 열린 제106회 스포츠산업포럼(주제: 생활스포츠동호인 500만 시대, 스포츠 산업이 나아가야 할 길은)에 따르면 국내 아웃도어 시장 점유율의 60%가 국내 브랜드로 조사되었으며 반면에, 국내 브랜드의 해외진출은 크게 이루어지지는 않은 실정으로 나타났다. 전체 아웃도어 시장이 성장함에 따라 국내 아웃도어 관련 기업의 매출도 증가하고 있다. 그러나 국내 스포츠 산업의 시장 환경은 우리 기업이 국내외 시장확대에 따른 이익을 제대로 누리지 못하고 대부분을 해외기업이 가져가는 문제를 보이고 있다. 나이키, 아디다스 같은 글로벌 브랜드가 스포츠 산업 전체 국내시장의 70% 이상을 점유하고 있다. 한국아웃도어 산업협회에 따르면 2004년 이후 글로벌 브랜드의 국내시장 진출이 크게 늘고 내수 시장 확대로 수입이 급증하면서 무역수지 적자 규모가 확대되고 있다.

스포츠 산업의 글로벌 시장도 지속적으로 성장하고 있으며 연 1,700조 원에 달하는 큰 시장으로 국내 기업에게 큰 기회를 제공하고 있다. 특히 스포츠용품산업은 연평균 2.8%의 성장률을(http://www.marketreportonline.com 2012-2017 스포츠용품 전망치) 보일 것으로 예상되고 있고, 스포츠마케팅산업은 연평균 5.7%의 고성장(Research and Markets: Sports Equipment Market Report 2013)을 기대하고 있다. 향후에도 소득 수준의 지속적인 상승에 따라 국내외 스포츠 산업 시장의 빠른 확대가 예상되고 있다. 따라서 스포츠 산업을 전략산업으로 육성하고, 국내기업의 경쟁을 강화할 방안을 마련할 필요성이 있다.

5. 스포츠 산업의 성장 배경

1) 메가 스포츠 이벤트 개최에 따른 스포츠에 대한 관심 증대

월드컵, 하계올림픽, 동계올림픽, 세계육상선수권대회의 4대 메가 스포츠 이벤트를 모두 개최한 한국은 전 세계에서 다섯 번째로 스포츠 이벤트의 그랜드 슬램을 달성한 국가이다. 또한 각종 스포츠 이벤트에 참가하여 우수한 성적을 달성하였으며, 전 세계적으로 스포츠 강국으로 인정받고 있다. 2014년 소치 동계올림픽, 2016년 리우 하계올림픽, 2018년 평창 올림픽과 러시아 월드컵과 같이 일반적으로 2년 단위로 스포츠 이벤트가 개최됨에 따라 대중들의 지속적인 관심을 유도하고 있으며, 대회에서의 우수한 성적을 거둘 경우 해당 종목에 대한 대중들의 관심이 높아져 스포츠에 대한 참여와 관심이 높아지고 있다.

2) 주 5일 근무, 여가생활 확대에 따른 스포츠 참여인구 증가

삶의 질 향상과 근로조건의 개선을 위해 2004년부터 주5일 근무제가 실시되었다. 근로시간 축소와 더불어 건강한 삶에 대한 사회적 관심이 높아짐에 따라 건강한 여가 시간을 즐기기 위한 대중들의 관심이 높아졌으며, 이는 스포츠에 대한 참여를 높이고 있다.

3) 엔젤 스포츠 산업 성장에 따른 용품 시장 성장 및 고용 확대

엔젤계수에서 의미를 따온 엔젤 스포츠 시장은 최근 급성장하고 있는 시장으로 유아 스포츠클럽, 유소년스포츠클럽, 어린이 전용 수영장과 같은 어린이들만의 스포츠 교육시장을 의미한다. 이러한 엔젤 스포츠 시장의 성장은 지역 내 고용창출과 용품 시장의 활성화를 유도하고 있다. 엔젤 스포츠 기관을 운영하기 위해서는 교육, 차량 지도, 안내 등의 업무를 수행할 수 있는 인적 자원에 대한 고용이 발생되며, 기관을 이용하는 어린이 측면에서도 유니폼, 운동화, 스포츠 고글, 공, 각종 장비를 구매하는 것에 대한 비용이 발생한다.

* 엔젤계수 : 자녀의 수업료, 장난감 구입비, 용돈 등의 가계 총지출 대비 교육비가 차지하는 비율

4) 생활체육 인프라 지속적 확장

우리나라는 과거 서울올림픽과 월드컵과 같은 메가 스포츠 이벤트에서의 우수한 성적을 달성하기 위해 엘리트 스포츠에 집중하였다. 이러한 정책은 스포츠 강국이 되기 위한 집중 정책으로 상대적으로 생활스포츠의 저변확대에 어려움이 있었다. 하지만 최근에는 엘리트 스포츠와 생활스포츠를 담당하는 기관을 통합하는 등의 선진국형 스포츠 모델을 도입하기 위해 노력하고 있다. 이에 국민체육기금을 바탕으로 지역 내 공공 스포츠 기관을 신설하고 각종 시설에 대한 유지 보수를 실시하고 있으며, 독일과 일본에서 실시하고 있는 공공형 스포츠클럽 제도를 도입함으로써 보다 생활 스포츠에 대한 활성화 정책을 도입하고 있다.

5) 외모와 탤런트를 갖춘 다재다능한 스포츠 스타들의 등장

김연아, 박태환, 손흥민과 같은 외모와 탤런트를 갖춘 스포츠 스타의 등장은 대중들의 스포츠에 대한 관심을 높이고 있다. 이들은 국내·외 대회에서의 우수한 성적을 달성하는 것뿐만 아니라 각종 미디어 매체에 출연하여 자신들의 탤런트를 발휘하며 대중에게 친숙하게 다가서고 있다. 또한, 스포츠 매니지먼트 시장이 성장함에 따라 매니지먼트사를 통한 전문적이고, 체계적인 선수 이미지 메이킹 과정이 진행된 것도 하나의 원인으로 볼 수 있다.

6) 프로스포츠 산업의 성장

프로야구를 중심으로 최근 프로스포츠 산업의 성장세가 뚜렷하다. 프로야구의 경우 800만 관중을 돌파한 대표적인 인기 스포츠로 과거 남성 전유물로 여겨졌던 프로야구 관중석에 최근에는 여성, 가족단위의 관람객이 많아지고 있다. 이러한 이유로 여성만을 위한 이벤트, 가족이 함께 할 수 있는 각종 인프라 확충(테이블 석, 어린이 전용공간 등), 각종 미디어 채널을 통한 적극적인 홍보 마케팅 활동 등을 들 수 있다. 또한, 여가 시간 확대에 따른 스포츠에 대한 관심이 증가하고 있는 사회적 분위기로 인해 향후 프로축구, 프로농구 등의 타 스포츠의 성장도 기대된다.

6. 스포츠 산업의 발전 방향

국내 스포츠 산업은 정치, 경제, 사회 등 사회제도 전반적으로 상당한 변화를 겪고 있다. 한반도의 지정학적인 특성상 한국은 세계 최강 대국들인 미국, 중국, 러시아, 일본 등과 모두 이해관계가 얽혀있는 각축장으로서 대외 정세가 예측 불가능한 상태에 있다. 최근 한국은 북

한의 핵개발 및 실험, 미사일 발사를 통한 도발과 함께 싸드(THAAD: Terminal High Altitude Area Defense Missile)와 도입 및 배치 문제, AIIB(Asian Infrastructure Investment Bank: 아시아 인프라 투자은행)의 가입 문제 등을 놓고 미국과 중국 간의 힘겨루기 사이에 놓인 양상을 보이고 있다. 세계 경제의 완만한 성장세에 힘입어 국내 경제도 2017년 3.2%, 2018년 3.0%, 2019년 3.0%의 경제성장이 전망되고 있으나 최저임금과 관련된 갈등 및 최저임금 인상에 따른 임금비용 증가와 법인세 인상 등에 따른 투자 둔화, 지정학적 위치에 따른 한반도의 긴장 등은 리스크 요인으로 주목되고 있다. 특히 임금비용 증가는 종사자 규모가 10인 이하인 사업체수가 전체 스포츠산업체의 95.9%(2016년 기준)을 차지하는 스포츠산업 구조에 악재로 작용할 수도 있을 전망이다.

　스포츠 분야에서는 스포츠를 활용한 외교 및 공적개발원조가 활발하게 진행 중이며 다문화가정의 사회화를 위해 스포츠가 활용되고 있다. 2015년 9월 UN(United Nation)은 2000년에 발표한 새천년 개발계획의 후속작으로 17개의 '지속 가능한 개발목표(Sustainable Development Goals)'를 발표하였다. 스포츠개발평화사무국(UNOSDP: United Nation Office on Sport for Development and Peace)은 2001년에 설립되었고 많은 국가의 정부단체들과 기관들이 스포츠개발운동에 적극 동참하고 있다. UN은 스포츠를 지속가능한 개발을 위한 중요한 수단으로 인식하고 있으며 건강, 교육 및 사회통합의 목표뿐만 아니라 여성, 젊은이, 지역사회의 관용, 평화와 개발실현에 대한 스포츠의 기여를 인식하고 있다. 환경 및 기술 측면에서는 기후변화에 관한 관심 고조로 인해 대중들은 화석연료와 같은 전통적인 에너지 기술보다는 친환경 기술을 이용한 재생에너지 기술에 더 관심을 가지게 되었으며 지구 온난화의 주범인 온실가스를 줄이기 위한 신기술 활용의 영향력 확산과 다양한 산업군에서 융·복합 사례가 증가하고 있다. 이와 관련 스포츠와 정보통신기술, 나노기술 및 생명공학기술 등과의 융·복합을 통한 새로운 시장이 창출되고 있다. 교육적인 측면에서는 학생들의 인성함양과 체력향상 등에 관한 관심과 요구가 증가함에 따라 스포츠를 통한 인성교육과 체력향상을 위해 다양한 방과 후 스포츠프로그램과 스포츠클럽들이 중요한 역할을 하고 있다.

　스포츠 패러다임의 변화는 스포츠를 단순한 소비 지향적 문화·오락·여가 활동으로 간주하는 일상적이고 편협한 시각에서 탈피하여 고부가가치를 창출하는 생산 지향적 산업 활동으로 탈바꿈시키는 계기를 마련해주고 있다. 예를 들면 피겨 스케이팅의 김연아, 골프의 박인비, 김효주, 최경주와 야구의 류현진, 추신수, 축구의 기성용, 손흥민, 구자철 등의 스포츠 스타는 민간 외교사절로서뿐만 아니라 연간 수십·수백 억 원의 외화를 벌어들이는 1인 기업의 경제인으로서 그 역할을 훌륭히 수행하고 있다. 또한, 국가 간 우호 및 세계 평화와 축제의 한마당으로만 인식되어 오던 올림픽경기대회나 월드컵축구대회 등 국제 메가 스포츠 이벤트의 경우 이벤트 자체의 경제적 파급효과뿐만 아니라 이벤트를 통한 천문학적인 액수의 스폰서십, 방송중계권 등의 스포츠 마케팅, 우승을 차지하기 위한 글로벌 스포츠 관련 기업들의 첨단 기술 각축의 장이 되고 있으며 국가 이미지나 관광·경제적 가치가 크게 고려되고 있다. 또한, 스포츠와 IT, 과학기술, 의료 등 융·복합 추세로 나이키, 아디다스 등의 글로벌 기업들이 주도하는 과점시장에 IT 강국인 한국기업이 이들에 대한 도전이 가능해졌고, 신소재 및 첨단 기술력으로 글로벌 스포츠 시장에서 성공한 중소 스포츠기업 등장과 함께 스포츠 비즈니스 업체의 성장 가능성이 확인되고 있다.

　스포츠의 경제적 가치가 늘어나게 됨에 따라 스포츠와 관련된 재화와 서비스를 통하여 부가가치를 창출하는 스포츠 산업은 전 세계적인 유망산업으로 각광을 받고 있다. 특히 스포츠는 광범위한 시장기반을 가지고 있고 정보통신 분야의 급속한 성장과 함께 중요한 비즈니스 콘텐츠로 부각되고 있으며, 스포츠 관련 직·간접적인 소비 증대로 문화·관광 등 스포츠 연관 산업과 스포츠서비스산업의 빠른 발전이 예상된다. 미국의 경우 스포츠 산업의 규모가 2016년 기준 4,961억 달러(약 539조 원)로 자동차 산업의 약 2배 이상, 영상산업의 거의 7배에 달하고 있다(Masteralexis, Barr, & Hums, 2015). 스포츠 산업은 지속적인 성장 가능성과 높은 고용유발 효과, 정보통신기술, 나노기술 및 생명공학기술, 시장미디어 및 관광, 엔터테인먼트 등 타 산업과의 융·복합을

• 스포츠 마케팅

통한 새로운 비즈니스 기회 창출 등을 고려할 때 국가 경제를 견인할 신성장 동력산업으로 부상하고 있다. 국내 스포츠 산업은 우수한 경기력 및 국제 체육계에서의 높은 위상 등 유리한 세계시장 진출 여건과 발전 가능성에 비해 이를 상품화하거나 부가가치를 높이는 데 필요한 기술, 인력, 정보나 제도적 기반이 취약하여 여타 산업영역보다 낙후된 실정이다.

이에 문화체육관광부는 스포츠 산업을 창조경제의 실현을 위한 핵심 산업으로 인식하고 스포츠 산업을 통한 경제적 가치창출의 극대화를 달성하기 위해서 2013년 12월에 '스포츠산업 진흥 중장기계획(2014-2018)'을 체계적으로 수립하였다. 스포츠산업 진흥 중장기계획을 살펴보면 비전으로 "스포츠산업의 융·복합화를 통한 미래성장 동력 창출"을 설정하였으며, 국내 스포츠산업 현황 및 잠재력 등을 분석하여 『융·복합 스포츠 기술개발을 통한 신시장 창출』, 『스포츠 콘텐츠 다변화를 통한 잠재수요 발굴』, 『미래 시장 수요 기반 일자리 공급체계 구축』, 『스포츠산업 선순환 기반조성』을 포함하는 4대 미래정책 방향을 정립하였다. 또한, 미래 트렌드 및 해외환경 분석결과를 4대 미래정책 방향과 연계시켜 12대 세부 전략을 수립하고 생태계 관점의 취약분야를 고려한 29개의 정책과제를 도출하여 이를 추진함으로써 스포츠 산업 진흥을 위해 최선의 노력을 경주하고 있다. 또한 2016년 3월 대구에서 열린 "스포츠 문화산업 비전 보고대회"에서 스포츠 산업은 성장 잠재력이 큰 유망산업으로 규제 완화와 R&D의 확대를 통해 경제혁신과 일자리 창출을 이끄는 핵심동력으로 키워서 스포츠를 통해 "새로운 시장 개척", "좋은 일자리 창출", "지역 경제 활성화"를 이끌어 나가겠다고 하였다. 스포츠와 ICT의 융·복합 콘텐츠 및 고부가가치 스포츠 용품 개발 등 융·복합 산업을 적극 육성하고, 스포츠에이전트 및 공동 마케팅 등을 통해 프로스포츠산업을 활성화하고 지역의 스포츠 강소기업에 대한 융자 및 펀드 지원 등을 통해 스포츠 강소기업 50개를 육성하여 2014년 41조 원이던 스포츠산업 시장 규모를 2018년까지 53조 원(구분류 기준)으로 키우겠다고 발표하였다. 7월에 열린 제10차 무역투자진흥회의에서는 프로스포츠 경기장의 장기임대(25년) 및 수익사업 관련 법령의 개정을 반영하고 경기장 임대기간을 확대하며 구단이 '명칭사용권(naming rights)'을 활용할 수 있는 근거를 마련해 민간투자를 촉진하고, 공공체육시설의 민간 위탁 대상 확대와 위탁기간 장기화 등을 위한 표준 조례안을 마련하여 공공체육시설의 민간투자를 확대하겠다고 하였다. 또한 민간투자를 바탕으로 교육·체험·공연 등의 기능이 복합된 'K-Sports Town'을 조성해 외국인 관광객을 유치하며 창조경제혁신센터의 보육 프로그램을 활용해 ICT·신소재 기반 스포츠 스타트업을 집중 지원하기로 하는 방안을 발표하였다. 따라서 앞으로 국내 스포츠 산업은 타산업과 연계하여 융·복합을 통해 국내 스포츠 산업 발전에 기여할 뿐만 아니라 정부 주도하에 스포츠에이전트, 스포츠이벤트 기획 등 신규 직종에 고용창출이 가능한 신규사업영역을 개발할 것이다. 특히 한·중 FTA 체결로 가격 경쟁력을 비롯한 대중국 국제 경쟁력이 취약해지는 스포츠용품 산업에 대해 스포츠산업 융자, 비즈니스 역량 강화를 위한 지원을 확대할 필요가 있으며 스포츠서비스 산업에 대해서는 국내 시장에서 경쟁력을 가지고 있는 스포츠마케팅회사와 스포츠시설 운영회사들을 대상으로 중국 시장에 진출할 수 있도록 중국 스포츠시장 동향, 스포츠서비스 산업 관련 법률 및 행정체계에 대한 정보제공 서비스 지원이 필요하다.

2016년 초 다보스 포럼의 핵심 의제로 언급된 4차 산업혁명은 인공지능, 사물인터넷(IoT: Internet of Things), 빅데이터(Big Data), 모바일 등 첨단정보통신기술이 경제, 사회 전반에 융합되어 혁신적인 변화가 일어나는 차세대 산업혁명으로 초연결(hyperconnectivity)와 초지능(super intelligence)을 통해 이전 산업혁명들에 비해 더 넓고, 빠르게 영향을 줄 수 있다는 특징이 있다. 기존의 스포츠 산업 전반에서 4차 산업혁명의 핵심기술인 정보통신기술(인공지능, 사물인터넷, 빅데이터, 블록체인, 5G 등)을 통한 미래 기술 선점과 외부 협력 강화로 시너지를 창출하여 융복합 시대를 선도할 수 있는 체제로의 변화가 예상된다.

4차 산업혁명은 이미 스포츠 산업에도 광범위하게 영향을 미치고 있으며 2018 평창 동계올림픽을 통해서도 볼 수 있을 예정이다. 평창동계올림픽에서는 우리가 현재 사용하고 있는 4G나 LTE보다 약 20배 빠른 네트워크인 5G가 활용될 예정이고 5G 디바이스를 통해 '실감 미디어'를 즐길 수 있다. 실제 경기를 선수와 심판의 1인칭 시점으로 시청할 수 있는 싱크 뷰, 원하는 선수만 골라 볼 수 있는 포인트 뷰, 원하는 위치와 순간, 각도를 자유자재로 볼 수 있는 멀티 뷰 등을 통해 경기를 더욱 생생하게 관람할 수 있을 것이다. 또한 AR(Augmented Reality: 증강현실)을 통한 길찾기와 교통안내 등 개인맞춤형 테크놀로지 서비스를 제공할 예정이다. 또한 강릉 월화거리에 조성되는 IoT 스트리트에서는 무인기기를 통해 식당, 숙박, 교통정보 서비스를 제공받을 수 있으며 정밀 위치측정과 AR 기술을 활용해 맞춤형 서비스도 제공받을 수 있다. 독일의 경우 이미 2014년 빅데이터를 활용하여 브라질 월드컵을 우승하였다고 알려져 있다. 기업용 소프트웨어 업체인 SAP가 개발한 분석 프로그램 '매치 인사이트'를 활용하여 선수 몸에 달린 센서로 데이터를 수집한 뒤 실시간으로 선수들의 기록 및 영상과 결합하여 분석한 뒤, 추가적으로 독일팀은 '유로 2016'에서 빅데이터로 승부차기에서 이기는 방법을 분석하여 상대 선수들의 습관과 슛 패턴을 파악하고 미리 대책을 강구하였다. 실제 8강전에서 독일은 이탈리아와의 승부차기에서 6-5로 승리하고 4강에 진출하였다. MLB에서는 인공지능 시스템 '키나트랙스가' 사용되어 선수의 동작을 하나하나 초고속 촬영한 후 신체의 각 부분에 대한 생체역학적인 데이터를 추출하고 분석하여 투수교체 시기를 결정하는 데 활용하고 선수들의 부상을 방지할 수 있었다. 2015년부터 시카고 컵스가 이 시스템을 본격적으로 활용하여 2016년 정규시즌 리그 전체 승률 1위를 차지했고, 월드시리즈에서 우승하였다. 국내에서 가장 활발하게 적용되고 있는 부문은 VR(Virtual Reality: 가상현실)이다. 스크린골프의 폭발적인 성장세와 더불어 가상 스포츠 시장은 야구, 승마, 사격, 양궁 등으로 점차 성장세를 거듭하고 있다. 그 중에서 스크린 야구의 성장세가 가파르다. 스크린 야구장은 전국에 약 500개가 성업 중이며 프랜차이즈 형태로 운영되고 있다. 약 15개의 브랜드가 있지만 상위 3개 프랜차이즈가 90%의 시장을 차지하고 있으며 국내 스크린 야구 시장규모는 2014년 100억 원 대의 시장에서 현재 약 5,000억 원의 규모로 성장하였으며 2020년에는 1조 원대로 성장할 전망이다. 또한 2016년에 만들어진 경기도 하남에 위치한 '스포츠몬스터'는 쇼핑몰과 스포츠 VR 체험시설을 결합한 스포츠 복합 테마파크로서 1,530평 규모의 시설에 직접 스포츠를 즐길 수 있는 공간뿐만 아니라 암벽타기, 핸드볼, 야구 등 VR을 활용한 스포츠체험을 다양하게 제공하며 신수요 창출과 서비스 콘텐츠를 확대하고 있다. 따라서 4차 산업혁명에 따른 트렌드 대응과 변화를 위해서는 4차 산업혁명의 본질에 대한 이해를 바탕으로 패러다임을 전환하여 정부 및 민간(공공/민간) 영역의 역할 분담을 재정립하고 저성장, 양극화, 일자리, 건강 및 고령화 대책 등과의 유기적으로 연계된 스포츠 산업을 육성하는 방안을 마련해야 한다.

제3장. 스포츠 스폰스십

1. 스폰서십의 정의

스폰서십은 기업이 고객과의 소통이라는 마케팅의 목적을 달성하기 위하여 스포츠, 문화, 복지 등의 분야에서 특별히 정한 조직이나 개인에게 그 발전을 위해 기업에서 제품, 혜택을 말한다.

스폰서십이란 행사나 활동에 필요한 재정적·인적·물질적 자원을 제공하고 그 제휴를 통하여 상업적인 이익을 얻기 위한 행위이다(Watcher, Craig, Culling, & Harvey, 1991). 일반적으로 이를 후원이라 하고 이를 행하는 사람을 스폰서 또는 후원자라 부른다.

> **스폰서십 정의**
>
> Sandler와 Shahi(1989)에 의하면 스폰서십은 "특정행사나 활동과 직접 제휴하는 대가로 그 행사나 활동에 조직이 직접 재정적·인적·물질적 지원을 제공하는 것이고, 그 후 자본을 제공하는 조직은 직접적인 제휴를 그들의 사업, 마케팅 매체 목적을 위해 쓸 수 있는 것"이라고 정의하고 있다.

스포츠 스폰서십을 이해하기 위해서는 먼저 스포츠 마케팅에 대한 개념을 이해하고 있어야 한다. 일반적으로 편의상 사용하는 스포츠 마케팅이란 용어는 크게 두 가지 내용의 의미가 포함되어 내포되어 있다. 첫째, 스포츠의 마케팅(marketing of sports), 즉 스포츠 자체를 제품화하여 스포츠 소비자와 목적에 따라 직접 교환하는 과정이다(관람, 참여 스포츠 산업에서의 관중이나 회원 확보에서부터 스포츠 제조업 부분에서 스포츠 용품, 시설, 프로그램 등을 판매하기 위해 행하는 마케팅 활동 및 각종 스포츠 단체에 의해 집행되는 마케팅 활동을 의미한다.).

스포츠 스폰서십이란 스포츠 선수, 조직, 시설, 행사를 대상으로 하여 스포츠를 통한 이익 창출을 위해 기업과 선수, 조직이 계약을 맺어 금전과 권리를 교환하는 것을 말한다.

다음은 스포츠를 통한 마케팅(marketing through sports)으로 모든 분야의 기업들이 스포츠를 매개로 해서 기업의 목표를 달성하기 위한 하나의 프로모션(커뮤니케이션) 수단으로 스포츠를 활용하는 일련의 과정이다. Mullin, Hardy와 Sutton(2002)은 스포츠의 마케팅은 스포츠 소비자에게 직접적으로 스포츠 제품과 서비스를 마케팅 하는 측면이고, 스포츠를 통한 마케팅은 스포츠 촉진활동을 통한 소비자와 기업 제품 또는 서비스를 마케팅하는 측면이라고 하였다. 즉, 마케팅의 주체가 누구냐 그리고 주 기능에 따라 양자는 비교적 분명하게 분류될 수 있다. 특히 기업의 주체가 되는 경우에는 스포츠는 단지 기업의 커뮤니케이션 목표달성을 위한 도구에 불과하다. 이러한 이유 때문에 기업 관점에서 스포츠를 통한 마케팅은 스포츠 스폰서십이나 스포츠 커뮤니케이션이라는 용어로 사용되기도 한다.

1) 스포츠를 통한 마케팅과 스포츠 스폰서십

스포츠를 통한 마케팅은 스포츠 단체와 기업 모두 스포츠를 목적 달성의 수단으로 간주하는 데서 출발한다. 크리스틴 브룩스(Christine Brooks)는 기업적인 관점에서 스포츠 마케팅은 스폰서십이라고 불러야 한다고 지적하였다. 즉 스포츠를 이용한 마케팅은 기업의 관점에서 볼 때 엄밀하게 스포츠를 스폰서십이라고 해야 한다는 것이다. 그러나 그의 주장은 스포츠 마케팅 전반에 대해서는 적용할 수 없고, 기업의 스폰서십이 단지 스포츠를 활용한다는 관점에서 스포츠를 통한 마케팅에 제한적으로 적용 가능할 뿐이다.

2) 스포츠 스폰서십과 스포츠 커뮤니케이션

스포츠 스폰서십이라는 용어는 스포츠 단체와 기업 모두를 포함하는 의미지만, 스포츠 커뮤니케이션은 기업 관점에서 표현할 수 있는 스폰서십의 또 다른 용어로 이해할 수 있다. 왜냐하면 기업이 스포츠를 활용함으로써 기대할 수 있는 여러 가지 효과들 중에서 가장 큰 의미를 부여하는 것이 기업 커뮤니케이션 효과이기 때문이다. Brooks(1994)는 스폰서십을 마케팅 도구와 과정이라 지적하였고, Mullin, Hardy(2002)는 스폰서십을 촉진 라이선싱의 한 부분이라 하였으며, Pitts, Stotlar(1996)는 스폰서십은 기업의 마케팅 도구라고 지적하였다. 결국 기업이 스포츠 이벤트에 스폰서 업체로 참여하는 것은 기업 커뮤니케이션 효과를 제고시키려는 목적을 갖는다.

기업 스포츠 스폰서십(corporate sports sponsorship)은 특별한 목표를 달성할 의도로 기업이 다양한 스포츠 이벤트, 스포츠 단체나 기관 그리고 스포츠 선수를 지원해 주는 것(기업 이미지 창조, 유지, 개선, 판매 증진, 지역사회와의 개선, 사회적 책임감)을 의미한다.

3) 스포츠 스폰서십의 필요성

스포츠 주관자는 성공적인 이벤트의 개최와 조직의 확대라는 측면에서, 그리고 기업은 촉진·커뮤니케이션 효과라는 측면에서 스포츠 스폰서십의 필요성을 가지고 있다. 따라서 스포츠 주관적인 측면과 기업 측면에서의 스포츠 스폰서십의 필요성을 살펴보도록 하자. 우선 스포츠 주관자(스포츠 단체) 입장에서 볼 때 스포츠 스폰서십은 스포츠 이벤트의 규모가 국제화·세계화 되면서 날로 확대되기 때문에 재정확보는 스포츠 이벤트의 성공적 개최를 위해서도, 단체의 유지·존속, 그리고 스포츠 인구의 저변 확대를 위해서도 스폰서십은 필수 불가결하게 되었다. 또한 기업의 입장에서도 스포츠가 커뮤니케이션 도구로서 가치가 있기 때문에, 즉 목표시장 진출을 용이하게 할 뿐만 아니라 타 매체에 비해 커뮤니케이션 효과를 높일 수 있고, 기업의 이미지 개선과 판매 증진을 기대할 수 있기 때문에 과거 어느 때보다 스포츠와 밀접한 관계를 구축하고 있다. 따라서 많은 전문가들은 스포츠 스폰서십은 21세기에 가장 각광받는 스포츠 마케팅을 주도할 수단이라고 말한다.

4) 스포츠 스폰서십의 발전과정

1852년 뉴잉글랜드 철도회사가 하버드 대학교와 예일 대학교의 스포츠 팀 선수들에게 무료로 교통편을 제공함으로써 스포츠 스폰서십은 시작하였다. 그 후 코닥(Kodak)은 1896년 올림픽의 부활과 더불어 최초의 근대 올림픽 공식프로그램에서 광고를 하였으며, 코카콜라는 1928년 암스테르담 올림픽대회에서 시음회를 시작하여 지금까지 한 번도 올림픽 스폰서 프로그램을 거르지 않고 있다.

스포츠 스폰서십의 발전과정에서 간과할 수 없는 것은 TV를 비롯한 방송매체이다. 방송매체의 발전이 없었으면 스포츠 스폰서십의 발전을 불가능하였다. 이러한 측면에서 볼 때 올림픽과 방송매체 그리고 스포츠 스폰서십은 매우 긴밀한 관계로서 발전과정의 축을 이루고 있다.

그래서 올림픽의 성공적 발전이 곧 스포츠 스폰서십의 발전을 의미하기도 하는데 이러한 측면에서 볼 때, TV와 같은 방송매체 기술의 발전이 기여한 바 크다. 1974년 순수 아마추어리즘을 고집하던 IOC가 올림픽현장에서 아마추어라는 단어를 삭제함으로써 올림픽 스폰서십 발전에 새로운 전기가 마련되었다. 당시 IOC위원장인 로드 킬러닌(Lord Killain)은 현실적인 입장을 강조하는 개혁파였다. 이로 말미암아 프로선수의 올림픽 참가가 가능해졌고 올림픽의 마케팅 극대화 분위기가 조성되는 계기가 되었다. 이는 스포츠가 대중매체로부터 관심을 얻기 위해서는 대중의 기대에 맞는 수준 높은 경기를 보여 주어야 한다는 기본원칙에 입각한 결정이었다. 그럼으로써 매체가치를 높여 올림픽을 비즈니스로 성공시킬 수 있었던 첫발을 내디뎠다.

스포츠 스폰서십의 발전과정에서 간과할 수 없는 중요한 인물은 IOC 위원장이었던 사마란치(Juan Antonio Samaranch)이다. 그는 IOC와 올림픽 개최를 재정적으로 안정된 기반 위에 올려놓기 위해 마케팅 개념을 과감하게 도입하여 스포츠 스폰서십의 발전을 가속화시켰다.

이뿐만 아니라 스포츠 스폰서십이 발전될 수 있었던 주요 원동력 중의 한 요인은 스포츠 스타들이 대중의 우상으로 떠올랐기 때문이다. 스포츠 스타들은 각자의 이름에 상징성을 갖고 있으며 그들의 행위는 대중적 가치를 지니고 있다. 또한 스포츠가 대중화되는 데는 대중매체의 역할이 크지만 반대로 스포츠는 대중매체의 관심을 받기에 충분할 정도로 흡인력을 가지고 있다. 대중의 관심이 있는 곳에는 항상 대중매체가 나타나기 마련이며, 그렇기 때문에 이를 활용하려는 기업이 기회를 획득하고자 치열한 스폰서십 경쟁을 벌이고 있다.

2. 스포츠 스폰서십의 발전 요인

스포츠 스폰서십의 발전에 영향을 주요 요인은 다음과 같다.

1) 광고 기피현상

TV, 라디오를 포함한 매체의 급속한 증가와 함께 범람하는 광고 메시지들로 인해 광고효과가 감소하기 시작했다. 그러나 스포츠 경기나 행사를 통한 기업 스폰서십은 소비자에게 다가갈 수 있는 또 다른 하나의 광고수단으로 여겨졌다. 이뿐만 아니라 스포츠 스폰서십이 시청자의 광고기피현상(zipping)을 차단하는 효과가 탁월하다고 평가되어 기업 참여가 증대되기 시작하여 스포츠 스폰서십을 성장시킨 주요 요인이 되었다.

2) TV 광고료의 인상 및 기술 개발

새로운 유선채널에 시청자를 빼앗겼음에도 불구하고 TV광고료는 더욱 인상되었다. 네트워크 방송사나 유선방송에서 스포츠를 방영하는 횟수가 늘어나자 스포츠 프로그램의 고정 시청증이 생겨났다. 시청자들이 광고를 보기 싫을 때 채널을 마음대로 바꿀 수 있는 리모컨과 광고프로를 빨리 지나칠 수 있게 하는 TV리모컨과 비디오의 보급으로 TV광고의 영향력은 더욱 줄어들게 되었으며, 반면 TV화질의 고급화는 스포츠 중계의 생동감을 더해 주었다. 이와 함께 스포츠를 통한 기업의 스폰서십은 기업의 로고나 광고메시지에 대한 매체 노출을 자연스럽게 할 수 있는 효율적인 대체 수단으로 인식되어 스포츠 스폰서십의 성장을 가속화시켰다.

3) 스포츠 전문 케이블 증대

스포츠 전문 케이블 채널 수의 증대는 스포츠의 TV방영 횟수를 급증시키는 요인이 되었다. 매체 노출에 관심이 많은 스폰서들은 당연히 스포츠에 관심을 가지게 되었다. 그뿐만 아니라 방송사의 입장에서도 스포츠 프로그램의 방영은 다른 어떤 프로그램의 제작비보다 비용이 적어 효율적이라는 인식이 증대되어 스포츠 스폰서십의 성장요인에 편승하게 되었다.

4) 술 담배의 TV광고 금지

1970년대부터 담배와 주류의 TV광고가 금지되자 이들 제조사들은 새로운 판촉 수단을 찾아야 했다. 술, 담배 제조사가 스포츠 스폰서십의 동반자가 된 데는 3가지 이유가 있다. 첫째, 건강에 해를 끼치는 제품들이지만 스포츠를 이용해 이를 희석시킬 수 있다는 점이다. 둘째, 메시지를 간접적으로 전할 수밖에 없지만 TV의 집중적인 스포츠 방영을 통해 법적으로 금지되어 있는 매체에 접근할 수 있었다. 셋째, 스포츠를 통해 잠재시장인 청소년 시장으로 접근할 수 있기 때문이다. 이러한 이유로 술, 담배회사는 스포츠 스폰서십에 가장 적극적이었으며 스포츠 스폰서십의 성장을 유도한 주요 요인이 되었다.

5) 스포츠의 상업화

스포츠의 상업화는 점점 더 가속화되고 있다. 1970년대 초에 영국 프로축구 리그의 회장은 스폰서십의 개념에 대해 "당신들은 지금 우리 선수들이 상표가 붙은 유니폼을 입고 경기를 하란 말이냐"라고 냉소를 보냈으나, 10년 후 영구의 주요 축구클럽 모두가 유명브랜드 이름이나 기업로고가 새겨진 유니폼을 입고 경기를 하고 있다. 이제 스포츠의 상업화는 프로스포츠로부터 대학을 거쳐 고등학교 차원까지 번져 나갔다. 이뿐만 아니라 1990년 이후 사회주의 국가에서도 스폰서십을 전제로 한 국제경기대회가 개최되어, 이제는 스포츠가 이데올로기를 넘어 완전한 상품화로 변화되어 스포츠 스폰서십 성장의 촉매제가 되었다.

6) LA 올림픽 스폰서십의 성공

1984년 LA 올림픽 스폰서십 성공은 스폰서십이 매우 효과적인 판촉 수단이라는 것을 증명하였다. 미국에 본거지를 둔 30개 기업들이 대회의 공식 기업 스폰서 권리를 얻기 위해 각각 400만 달러에 해당하는 현금, 제품 혹은 서비스를 미리 선납하거나 지불할 것을 약속했다. 또 다른 기업들에게는 올림픽 로고를 활용한 상품을 판매할 수 있는 권리가 주어졌는데 이 기업들은 그 권리에 대해 50만 달러를 지불하였다. LA 올림픽대회로부터 얻어진 두 가지 결과는 먼저 스포츠 단체와 기업 간에 서로에게 도움을 주는 파트너십이 존재할 수 있음을 입증했다는 것이다. 또 스폰서 기업들은 막대한 매체 노출과 긍정적 이미지 구축을 이룰 수 있었고 대회는 전례 없는 재정적 성공을 거두었다. 이러한 성공적 스폰서십 사례는 스포츠 스폰서십이 성장하는 데 있어서 기폭제 역할을 하였다고 평가하고 있다.

7) 시장세분화 개념의 등장

1970년대 말까지는 마케팅 세분화 개념이 널리 수용 또는 적용되지도 못하였다. 시장 세분화란 거대한 시장을 비슷한 구매 형태를 나타내는 유사한 부류들의 작은 집합으로 나누는 과정이다. 1960년대에는 대부분의 기업들이 매스마케팅(Mass Marketing) 전략에 의존하고 있었다. 80년대에 와서 성공 기업들은 특정 제품이나 서비스를 구입하는 차별적 성향을 띤 잠재적 고객들의 소집단으로 구성된 시장이 있음을 알게 되었다. 여피족(Yuppi: 도시나 그 주변을 기반으로 지적인 전문직에 종사하는 젊은이를 일컫는 말), 결손가정, 맞벌이부부와 아이들로 구성된 가족집단 등등으로 시장세분화가 가속화되었다. 이런 세분화 현상은 기업이 목표로 하는 고객에 접근하는 것을 점점 어렵게 만들었다. 그런 점에서 볼 때 스포츠 팬 층은 전반에 걸쳐 넓게 분포되어 있다. 그래서 스폰서들은 스포츠 종목을 선택함으로써 특정 고객층을 잡을 수 있다고 판단하였고 이와 같은 추세는 전문성을 지닌 특수 매체들의 성장에도 반영되었다. 30년 전의 스포츠 잡지계는 《스포츠 일러스트레이티드》 같은 만물상 성격의 출판물이 판을 치고 있었다. 그러나 오늘날에는 골프, 육상, 야구 같은 각 종목의 전문지들이 종목에 따라 2~6개까지 만들어졌다. 이들 전문지의 스폰서는 특정분야의 뉴스에 관심이 있는 독자층을 자신들의 고객으로 확보하기 위해 특정 스포츠를 후원하게 됨에 따라 스포츠 스폰서십 성장의 한 요인이 되었다.

8) 시장경쟁 심화로 인한 기업 인수합병 현상

지난 10년간에는 제품과 서비스의 종류가 급증하여 경쟁이 매우 심화되었고 그로 인해 인수합병을 통한 기업들의 통합이 이어졌다. 이런 결과로 많은 사업 부문에서 덩치가 커진 소수의 기업들이 유통경로에 미치는 영향력은 더욱 커졌다. 이런 상황은 제조업자로 하여금 유통업자와의 유대강화를 더욱 중요하게 만들었다. 스포츠 스폰서십은 이들의 유대강화를 위한 수단으로 활용되기 시작하였다. 기업의 인수합병 후 유대강화를 위한 방법의 일환으로 스포츠 스폰서십의 참여가 증대되었고 이러한 기업구성원들의 관계 개선 및 자긍심 고취의 효과를 얻을 수 있었다.

9) 스포츠 단체의 재원 확보 노력

많은 지방자치 단체들이 재정난 때문에 공공서비스 요금을 인상하고 있다. 이로 인해 증가된 스포츠 행사 개최비용을 충당하기 위해서라도 스포츠 단체는 스폰서십의 유치에 박차를 가하게 되었다. 즉 재원 확보를 위한 스포츠 단체나 기관은 그들이 소유하고 있는 스포츠 자산을 활용하여 스폰서십을 유치하기 위한 필사의 노력을 기울였다. 이는 스포츠 스폰서십 성장이라는 결과를 낳게 되었다.

3. 스포츠 스폰서십의 유형

스포츠 스폰서십의 종류는 권리 형태, 재화 제공 형태, 명칭 사용정도, 스폰서 대상에 따라 4가지 형태로 나눌 수 있다. 각각의 스폰서십은 분류 형태에 따라 기업에게 제공되는 의무와 권리가 다르게 나타나고 있다.

1) 권리 부여에 따른 분류

① 독점스폰서(Exclusive Sponsorship)
독점스폰서란 스포츠 이벤트 또는 리그에 관련된 모든 스폰서 권리를 한 기업이 독점하는 형태의 스폰서십을 의미한다. 이러한 독점스폰서는 다음과 같이 3가지의 장점을 지니고 있다. 독점스폰서는 이벤트나 팀 명칭 또는 우승트로피 같은 곳에 스폰서의 이름을 독점적으로 명시할 수 있는 장점이 있다. 국내 대부분의 스포츠 구단의 경우 기업

이 구단 운영의 주체가 되고 팀 명칭에도 기업 명칭이 사용되며 선수들이 사용하는 용품이나 유니폼에도 특정 기업의 제품광고가 부착되는 경우가 독점스폰서의 예이다. 따라서 독점스폰서는 모든 스포츠 상품에 속해 있는 요소의 독점적 사용권을 가진다. 즉 다른 스폰서의 필요를 고려하지 않고 특정한 목표시장에 광고 또는 다른 커뮤니케이션 수단의 효과에 대하여 극대화를 이룰 수 있다. 이에 독점적 스폰서를 통하여 기업은 자사 상품에 대한 보다 높은 가치를 창출하여 높은 신뢰를 소비자에게 제공함으로써 긍정적인 이미지 형성에 영향을 미친다. 그러나 독점스폰서는 비용이 많이 들뿐만 아니라 이벤트가 실패로 끝날 경우에 스폰서가 입게 되는 경제적·심리적 피해가 클 수 있다는 단점도 있다.

② 주 스폰서(Primary Sponsor)
주 스폰서는 스포츠 이벤트나 대회에 필요한 경비 중 많은 부분을 스폰서가 제공하고 그에 따라 그 스폰서는 다른 스폰서들에 비하여 독점적인 권리를 가지는 형태이다. 일반적으로 주 스폰서는 스폰서의 명칭을 이벤트 명칭에 포함시키고 있으며, 이벤트와 관련된 보도내용에 함께 다루어지는 장점이 있다. 주 스폰서는 독점스폰서와 비교하여 비용이 적게 들면서도 유사한 효과를 얻을 수 있다는 장점이 있다(김화섭, 2001). 그러나 독점스폰서와 마찬가지로 이벤트가 인기가 없거나 실패로 끝날 경우 의도한 효과를 얻지 못하고 경제적·심리적으로 부정적인 결과를 가져오기도 한다.

③ 제품부문 스폰서(Subsidiary Sponsor)
제품별로 한 기업씩 다수의 기업이 스폰서로 참가하는 형태를 의미한다. 지난 2010년 남아공 월드컵 당시 참여하였던 현대자동차, 코카콜라, 아디다스, 에미리트, 소니, 비자 등 6개의 기업만이 "FIFA 공식파트너"로 참여하게 되었다. 제품부문 스폰서는 해당 제품 업계에서는 유일하게 대회 또는 리그에 참가함으로써 주 스폰서가 얻을 수 있는 효과를 비교적 적은 투자를 통하여 얻을 수 있는 장점이 있다.

2) 재화 제공 형태에 따른 유형

① 공식 스폰서(Official Sponsor)

공식스폰서는 현금을 지불하는 대가로 등록된 로고나 마스코트를 기업의 광고나 판매촉진 활동에 이용할 수 있는 권리를 부여받는 기업을 말한다. 예를 들면 2010년 남아공 월드컵 당시 FIFA 공식스폰서 6개 기업(아디다스, 코카콜라, 에미리트, 현대자동차, 소니, 비자)이 참여하여 월드컵 명칭과 로고를 사용하였으며, FIFA가 주관하는 모든 행사, 대회에 독점 마케팅 권리를 가졌다. 2010년 남아공 월드컵 공식스폰서 기업들은 후원금으로 약 1억 달러(1,200억 원) 이상을 지불하였다.

② 공식 공급업체(Official Supplier)

물자나 용역 등을 지원하고 등록된 로고나 마스코트를 광고와 판매촉진 활동에 이용할 수 있는 권리를 부여받는 기업을 말한다. 기술을 지원하는 경우 기술제휴사라고도 한다. 공식 공급업체는 제품부문 스폰서의 한 형태라고 할 수 있다(Brooks, 1994). 차이점은 공식 공급업체는 스포츠 이벤트나 대회를 치르는 데 필요한 기술, 용구, 용품, 서비스 등을 제공하고 그에 따라 참여할 수 있는 권리를 부여받은 스폰서이다.

③ 공식 상품화권자(Official License)

일정액의 금액을 지불하고 특정 품목 또는 제품에 로고나 마스코트를 사용하여 제조, 생산 그리고 판매를 할 수 있는 영업 권리를 부여받는 기업을 말한다.

3) 명칭 사용 정도에 따른 유형

① 타이틀 스폰서(Title Sponsor)

각종 대회 명칭이나 대회 홍보제작물에 회사의 이름이나 로고, 브랜드명을 넣는 대신 그 경비를 전액 제공하는 것을 말한다. 또한 스폰서에게는 VIP 좌석이 제공되고, 경기장 안내를 할 때 회사 명칭을 사용한다. 오늘날 스포츠의 다양한 종목별 경기 및 경기 외적 이벤트는 각자의 참여 동기와 목표가 다른 기업과 소비자, 언론매체와 그 수용자들이 스포츠의 모든 행사에 직간접적으로 다양한 형태로 관여하여 그들의 마케팅 목표에 최대한 도달할 수 있도록 하고 있다. 즉 비상업적 상황에서 특수 표적 집단(고객)을 겨냥한 커뮤니케이션을 펼칠 수 있어 스포츠의 이미지 및 스포츠에 대한 관심을 직접적으로 기업 커뮤니케이션 목적에 이용할 수 있다. 이를 통해 경쟁우위에 설 수 있고, 기업의 인지도 향상과 이미지 개선을 할 수 있으며, 회사를 대내외적으로 선전하게 됨으로써 제품 판매로 이어지는 장점이 있다.

타이틀 스폰서 업체는 기업 커뮤니케이션 효과를 기대하고 경기나 행사 비용을 타이틀 스폰서 업체가 모두 지불하며 모든 권한을 부여받는다. 일반 스폰서와는 효과와 혜택 면에서 매우 큰 차이가 있기 때문에 일반 스폰서보다 많은 비용을 지불하게 된다. 그러나 그만큼 부여받는 권한이나 기회도 많기 때문에 기대 효과가 매우 크다고 하겠다.

② 협찬 스폰서

타이틀 스폰서와 달리 대회 경비를 협찬사끼리 분할하여 분담하는 것을 협찬 스폰서라고 한다. 협찬 스폰서 중 타이틀 스폰서의 평균 25%의 후원금을 지불하는 프리젠팅 스폰서는 경쟁상품을 배제하여 상품의 인지도를 높이기 위한 목적으로 이용된다. 공식스폰서는 타이틀 스폰서의 평균 10%의 후원금을 지불하여 경기장 광고나 프로그램 광고에 참여한다.

4) 스폰서 대상에 따른 유형

① 선수 스폰서십

선수 개인에 대한 스폰서십은 촉망받는 유망 신인선수나 인기 절정의 스타를 후원하는 것으로 골프나 수영과 같이 개인 종목의 선수를 대상으로 하는 것과 야구, 축구, 농구와 같이 단체 종목의 선수 개인을 대상으로 하는 경우가 있다. 선수 개인에 대한 스폰서십을 선수보증광고(Endorsement)라고도 한다. 예를 들면 대표적인 선수 스폰서십 업체인 나이키의 경우 NBA 마이클 조던과 골프선수 타이거 우즈를 후원하면서 스포츠 용품 시장에서 매출 신장은 물론 브랜드 인지도 상승과 이미지 제고의 효과를 거두었다.

② 팀 스폰서십

팀에 대한 스폰서십은 기업이 프로구단이나 팀을 후원하는 것으로 구단이 운영에 필요한 자금이나 물품을 공급하고 유니폼 광고와 펜스 광고 등의 권리를 부여하는 것으로 단체 종목의 팀을 대상으로 하는 것이다. 예를 들면 비자카드는 미국 올림픽팀과의 파트너십 프로그램을 고안해서 카드가 사용될 때마다 은행을 통해서 올림픽 팀에 기부할 수 있도록 하였다. 비자카드 사용자는 청구서와 함께 올림픽에 기부한 내용을 알 수 있으며, 사용 정도에 따라 올림픽 프리미엄을 받을 수 있는 기회도 가질 수 있게 하였다. 그 결과 올림픽 스폰서 기업에 대한 회상률(Recall Rate) 조사에서 비자카드는 1위를 차지하였고, 응답자의 59%가 비자카드 올림픽 공식스폰서이기 때문에 사용하였다고 응답하였다.

③ 이벤트 스폰서십

이벤트 스폰서십 프로그램은 일정기간 동안 지속되면서 정기적으로 개최되는 것과 일회적인 이벤드 두 종류가 있다. 전자는 프로야구, 프로축구, 프로농구와 같은 정규리그로서 1년에 걸쳐 거행되는 것과 단기간 내에 거행되는 경기대회가 있다. 후자는 1~2번에 걸쳐 거행되는 특별 초청경기를 말하는 것으로, 예를 들면 '나이키 초청 브라질 축구 대표팀 평가전' 등을 들 수 있다.

④ 단체 스폰서십

스포츠 단체에 대한 스폰서십이라 함은 협회나 연맹과 같이 스포츠 리그에 대한 권한을 가지고 있는 단체를 대상으로 하는 경우를 말한다.

4. 스포츠 스폰서십의 참여

　기업의 마케팅 목표와 환경이 다르기 때문에, 기업이 스폰서를 하는 목적과 이유도 다양하다. 기업이 스폰서십에 참여하는 이유와 목적을 체계적으로 알아보기로 하자.
　기업의 관심을 끄는 스폰서십 제안서는 추정이 아닌, 적어도 기업의 실질적인 마케팅 요구에 부합해야만 한다. 만약 기업이 스폰서를 해야 할 이유로 브랜드 인지(brand awareness)와 접대(hospitality)를 꼽는다. 물론 이 둘은 의심할 여지없이 대개의 스폰서들에게 중요한 기준이 된다. 하지만 이 두 가지에만 의존한다면 기업의 관심을 끄는 데 고전할 것이다.
　기업들이 상업적 스폰서에 보편적으로 참여하고자 하는 이유에 대한 요소들을 제시하면 다음과 같으며, 대개의 경우 스폰서십 계약이 체결되는 데에는 이러한 요소들이 복합적으로 적용하게 된다.

1) 브랜드 인지(Brand Awareness)

　기업은 마케팅 촉진수단으로 스폰서십을 이용할 것인가, 말 것인가를 결정하는 매우 중요한 요소로 브랜드 인지도 향상을 고려한다. 골프산업, 휴대전화, IT, 그리고 스포츠 음료수나 의류 업종의 경우 브랜드 인지도는 매우 중요하다. 컨설팅업과 같은 영역의 비즈니스에 있어서는 브랜드 인지도가 덜 중요할 수도 있다. 하지만 대부분의 기업들은 스폰서십을 효과적으로 사용하여 기업의 제품이나 브랜드명의 인지도 향상을 얻기 위해 스폰서십에 참여한다.

2) 기업 접대(Corporate Hospitality)

고객 및 잠재 고객을 접대하고, 스포츠 이벤트에 그들의 매니지먼트 팀을 참여시킬 수 있는 기회는 기업에게 있어서 매우 효과적일 수 있다. 그러나 기업 접대를 너무 강조할 경우 스폰서십 요청이 거절당할 수 있는데, 기업으로서는 스폰서십 참여에 대한 추가비용 없이 단지 기업 접대 예약을 늘리는 것으로 똑같은 효과를 누릴 수 있다고 판단할 수 있기 때문이다.

3) 이미지 전이(Image Transfer)

흔히 간과되고 있는 스폰서십의 중요한 측면인 이미지 전이는 그동안 전통적인 광고가 스폰서십보다 더 높은 효과를 보장한다고 느끼고 있지만 브랜드 인지도 측면을 부각시킨 제안서를 받으면 스폰서십을 하겠다고 한다. 이러한 이의 제기에 답을 줄 수 있는 강력한 무기가 바로 이미지 전이(Image Transfer)이다. 왜 많은 기업들이 스폰서십을 하는지 대한 첫 번째 중요한 이유가 된다.

F1의 예를 들자면, 물론 부정적인 이미지도 있겠지만 F1 자동차는 긍정적인 이미지로 흡인력, 글로벌, 하이테크, 화려함, 다채로움, 자극적, 경쟁, 능숙함, 스피드, 팀워크, 강함, 역동적, 엘리트 같은 이미지가 연상된다. 기업가라고 가정할 때 이 중 상당 부분이 기업제품이나 서비스의 목표시장에 전달하고 싶어하는 이미지와 일치한다는 것을 깨달으면 F1에 스폰서 참여를 고려할 것이다.

이미지 전이는 사람들이 F1의 이미지를 제품 이미지로 연결시키는 것이다. 일반적인 광고도 회사의 브랜드 인지도는 분명 만들어 낼 수 있지만, 기업의 제품이나 서비스의 이미지와 동반되어 나타나는 감정적 반응은 스폰서십만큼 잘 끌어낼 수는 없기 때문이다.

4) 대중관계(Public Relations)

대중관계(PR)는 기업이 스폰서를 하게 되는 또 다른 이유 중 하나이다. PR은 명성을 나타내는 지침으로 이해, 지지, 영향력 있는 의견, 행동을 얻어내는 것을 목표로 한다. 스폰서십은 기업에게 가치 있는 대중관계 기회를 제공함으로써 중요한 역할을 할 수 있다. 전통적인 광고가 매우 효율적일 수 있다. 하지만 문제는 그 경우 소비자들은 비용이 지불된 광고라고 받아들인다. 분명 소비자들에게 인지되지만 거기 나온 모든 문구를 믿지 않는다. 하지만 신문기사에 제품이나 기업에 대한 내용이 실리면 좀 더 진실이라고 믿게 된다. 대중관계를 위한 기업의 스폰서십은 잘 활용되면 높은 수준의 미디어 노출을 제공할 수 있다. 대중관계는 기업의 이미지 전이를 촉진하는 데 중추 역할을 하기 때문이다.

5) 프로모션(Promotions)

기업이 특별한 프로모션을 계획하고 실행할 수 있는 기회로, 스폰서십을 통해 소비자와 커뮤니케이션을 할 수 있다는 점에서 매우 중요시 여겨진다. 스포츠 스폰서십을 통한 기업의 프로모션이 꼭 대형 기업을 위한 영역만은 아니라는 것이다. 작은 하드웨어 회사의 경우에도 충분히 효율적일 수 있다. 스폰서 기업은 지역 스포츠 이벤트 스폰서십을 통해 추후 상품제안서, 프로모션 정보 등을 보낼 수 있는 소비자 또는 잠재소비자의 이름, 주소 등의 데이터베이스를 수집할 수 있다.

6) 지역사회 관여(Community Involvement)

많은 회사들은 소재지의 지역 사회와 좋은 관계를 유지하는 데 적극적이고 그런 목적으로 스폰서십을 활용한다. 인재 채용, 미래 계획 애플리케이션 등에 있어서 지방의회와의 좋은 관계 유지에 중요할 수 있다는 것을 알기 때문이다. 기업이 지역사회에서 큰 역할을 하고 있다는 것을 보여 줄 기회는 스폰서를 하는 우선적 이유 중의 하나이다.

7) 사례연구개발(Case Study Development)

 기업이 스폰서에 참여하는 요인 중 가장 미개척의 영역이지만, 사례연구개발은 매우 효율적으로 이용될 수도 있다. 한 예로 1994/95년 Anderson Consulting(현재 액센추어)은 Williams Fomula 1팀의 공식 스폰서가 되었다. 액센추어는 글로벌 경영·컨설팅, 기술 서비스 아웃소싱 기업으로서 일반적인 F1 스폰서 업종과는 거리가 멀었다. 당시 Williams 팀은 본사를 Didcot에서 Grove에 있는 최신설비 시설로 이전하려는 계획이었다.
 이러한 이전은 F1팀으로서는 매우 힘든 일이었다. 앤더슨 컨설팅은 팀 이전 과정을 돕고, 새로운 공장을 디자인하는 데 참여하는 혁신적인 기회를 발견하고 그러한 이유로 팀의 스폰서가 될 것을 결정하였다. 본사 이전 수행 작업은 Williams팀이 시즌 오프닝 레이스를 1, 2위로 마치고 우승으로 연결됨으로써 성공적이었음이 증명되었다. 회사는 그러한 성과에 대한 자신들의 역할을 보여 주는 이상적인 사례연구를 만들 수 있었다. 이는 회사가 미래에 고객을 유치하는 데 성공 사례로 활용될 수 있다. 비슷한 방식으로 작은 컨설팅 회사는 지역 축구팀을 스폰서하고 그들이 연간 경비를 절감하도록 운영하는 방향으로 사례연구개발을 할 수 있을 것이다. 스폰서십이 강력한 사례연구개발을 설계할 수 있는 기회를 제공할 수 있다는 점은 간과되어서는 안 된다. 이처럼 스폰서십의 가능성을 활용할 수 있는 방법은 매우 다양하다.

8) B2B 기회(Business to Business Opportunities)

 스폰서십 참여 결과로서 기업이 추구하는 목표를 달성하는 데 크게 기여한다는 것은 기업이 스포츠 스폰서십에 참여하는 매우 강력한 이유이다. 대부분의 기업들은 스폰서십이 직간접적으로 어떤 형태로든 자신들의 기준선에 맞는 비즈니스 혜택을 주지 않는다면 스폰서 참여를 하지 않을 것이다. 따라서 스폰서십은 기업의 비즈니스 목적에 부합해야 한다. 이러한 맥락에서 스포츠 스폰서십 참여 이유 중 하나인 B2B 기회는 스폰서십을 촉매로 사용해서 잠재적 B2B 기회를 제공하는 것이다.

9) 세일즈 인센티브(Sales Incentive)

기업들이 스폰서십을 세일즈 인센티브 용도로 활용하고 있다. 잘 짜인 스폰서십 프로그램은 기업의 세일즈 팀에 대한 매우 효율적인 인센티브 프로그램을 디자인하고 시행하는 데 사용될 수 있다. 만약 상당히 많은 수의 세일즈 인력을 이용하는 기업을 스폰서로 잡으려고 목표로 삼았다면 스폰서십 제안서에 혁신적인 세일즈 인센티브 프로그램을 포함시킴으로써 경쟁자들보다 훨씬 우위에 있을 수 있다. 제대로 목표기업을 선정했을 때, 세일즈 인센티브 프로그램은 매우 중요하고, 스포츠 스폰서십을 통한 계획은 매우 매력적일 수 있다.

10) 스포츠 유명인사 출연(Personal Appearances by Sports Personalities)

스포츠 스폰서십을 통해 대회나 행사 이전, 이후에 부가적으로 개최되는 다양한 세일즈 컨퍼런스, 전시회, 제품 런칭, 고객설명회와, VIP고객과 비즈니스 만찬 등 스포츠 유명인사가 참여하는 행사나 이벤트의 기회를 가질 수 있다는 것이다.

11) 광고를 통한 브랜드 가치(Brand Value through Advertising)

많은 기업들은 스폰서십이 제공하는 전통적인 광고에서 브랜드 가치를 더 강화할 수 있는 기회 때문에 스폰서 참여를 하기도 한다.

NASCAR(the National Association for Stockcar Auto Racing)의 스폰서들은 이런 기회를 활용하고 있으면 브랜드 가치를 더하기 위해 스폰서십에 대한 참여를 활용한 인쇄매체 광고 및 TV광고를 하고 있다.

스폰서십 참여를 통해 강력한 커뮤니케이션을 소비자에게 형성시킬 수 있다. 메이저 스포츠의 스폰서십 참여는 대중이 스폰서 기업이나 제품에 더 친근감을 느끼게 할 수 있기 때문이다. 이것은 스포츠 스폰서십 참여의 중요 고려사항이 된다.

12) 상품화(Merchandising)

기업에 따라서 티셔츠, 모자, 가방 등에 일련의 브랜드를 상품화할 수 있는 기회는 매력적일 수 있다. 이러한 형태의 마케팅은 흔히 새로운 제품이나 브랜드의 런칭을 프로모션하는데 쓰인다. 혁신적인 스포츠 스폰서십 참여를 통해 단순히 제품을 기반으로 한 경우보다 더 높은 대중의 관심 수준을 얻을 수 있다. 상품화는 스폰서십 참여 제품이나 기업에게 매우 효과적 역할을 한다.

13) 상품 샘플링(Product Sampling)

스포츠 스폰서 참여 이유 중 상품 샘플링은 스폰서 참여 기업에 있어서 강력한 마케팅 수단이 될 수 있다. 스포츠 현장 또는 경기장에서 입장하는 관중 모두에게 샘플을 나눠줄 수 있는 기회가 있다는 점이다. 스포츠 음료, 의류 및 기타 일반대중의 손에 전달하고자 하는 모든 제품군에서 스포츠 스폰서십은 매우 효율적일 수 있다. 상품샘플링은 스폰서십 참여의 주된 이유가 되지는 않겠지만 다른 마케팅 촉진 활동을 지원하는 요소가 된다.

14) 인력 채용(Recruitment)

스폰서십 참여 의사결정을 하는 데 흔히 사용되는 이유는 아니지만,

스폰서십은 인력채용이라는 목적을 굉장히 효율적으로 충족시키는 수단이 되기도 한다. 예를 들면 혼다(Honda), 닛산(Nissan) 두 글로벌 기업은 모터스포츠를 스폰서하게 된 주된 이유로 인력모집을 들었다. 그들은 최고의 인력을 선발하고 싶었는데, 모터스포츠에 관심과 흥미를 가지고 있는 팬들은 그만큼 모터스포츠와 관련된 전문적인 정보와 지식을 갖추고 있다고 판단하였다. 스포츠 스폰서십을 통해 관련 사업에 진취적이고 젊은 감각과 전문적 가치를 가진 인력채용의 수단으로 받아들이게 되었다. 여기에서 언급한 기업의 스폰서십 목적 또는 이유는 기업이 스폰서십을 자신들의 마케팅믹스 한 요소로 고려하게 되는 이유 중 일부일 뿐이다. 그리고 대개의 경우 여러 이유가 조합되어 스폰서십 의사결정으로 연결되며, 단 하나의 이유가 스폰서십으로 연결되는 경우는 드물다.

5. 스포츠 스폰서십의 효과

기업이 마케팅 도구를 활용하는 본질적인 목적은 매출 증대 및 이를 통한 이윤의 획득에 있다. 즉 경제적인 목적이 깊게 내재되어 있는 것이다.

마케팅 커뮤니케이션의 도구로서 스포츠 스폰서십은 결국 이러한 상업적 목적성에 바탕을 두고 있으며, 이를 성취하기 위한 공격적인 커뮤니케이션의 도구적 특성을 가져야 한다. 따라서 기업은 스포츠 스폰서십을 적극 활용함으로써 마케팅 커뮤니케이션의 목적을 달성할 수 있도록 하여야 할 것이다.

스포츠 스폰서십은 광고나 판매촉진 등과 같은 다른 프로모션 방법과 비교하여 여러 가지 효과를 기업에게 제공함으로써 보다 많은 기업 스폰서십을 유인하는 역할을 한다.

1) 이미지 창출 및 강화

　기업 이미지란 기업에 대해 사람들이 마음속에 그리고 있는 심상이다. 다시 말하면 기업, 브랜드, 제품 등의 이미지는 그 스스로 만든 것이 아니고 소비자의 마음속에 투영된 기업, 브랜드, 제품의 영상으로서 제품의 유형적 부분에 대한 정보가 무형적인 소비자의 감정적 요소와 결합되어 물려 있는 내적 태도체계의 하나이다.

　기업 이미지는 그 자체가 마케팅 수단으로서 역할을 하며 바로 기업의 성패에 영향을 미치게 되는 것이다. 오늘날 마케팅 담당자들은 모든 사람들의 공통 관심사이자, 오락인 스포츠 마케팅 매개체로서 중요시 여기고 있으며 이미지 확산 및 구축을 위한 전략적 수단으로서 스포츠 스폰서십에 적극 참여하고 있다.

　기업은 스포츠 스폰서로 참여함으로써 스포츠와 자사의 상품이나 서비스 간의 관련성을 소비자에게 제공하고 새로운 이미지를 만들 수 있는 효과를 얻을 수 있다. 실제로 소비자들은 스폰서십 기업의 상품에 대해서 질적으로 매우 높은 상품으로 인식하고 있는 것으로 나타났다. 미국의 경우 33%의 소비자들은 스포츠 스폰서가 제공하는 "공식상품"은 가장 좋은 상품인 것으로 인식하고 있는 것으로 나타났으며, 그 상품을 구입하고 싶은 것으로 조사되었다(Brooks, 1994).

　따라서 스포츠 스폰서십을 통하여 기업은 특정 소비자 집단이 가지는 기업 또는 상품에 대한 이미지를 개선 또는 강화시킬 수 있는 기회를 획득한다. 이를 위하여 기업은 기업의 목표시장과 특정 스포츠 또는 이벤트의 목표시장과의 관련성, 기업이 추구하는 기업의 이미지와 스포츠 또는 스포츠 이벤트의 이미지, 스포츠 이벤트의 권위성 등을 고려하여 가장 적합한 스포츠 또는 스포츠 이벤트를 선정하여 후원하고 있다(Mulin, Hardy, & Sutton, 2002).

2) 기업 경영 목표의 달성

　스폰서십이 갖는 효과 중에서 가장 중요한 것은 판매증진이다. 판매

증진을 위해 스포츠를 이용한 기업의 스폰서십 목적은 새로운 상표를 시장에 도입하기 위하여 제품에 대한 잠재고객의 인지도를 넓히려는 경우, 기존의 제품을 개선하여 시장에 다시 도입시키려는 경우, 촉진되고 있는 상표의 제품계층이 우호적인 수요추세를 보이고 있는 경우, 유통망을 확대시키기 위하여 판매업자의 판매활동을 도와주려는 경우, 이미 광고되고 있는 제품에 있어서 광고효과를 증대시키려는 경우 등 스포츠 스폰서십을 통해 기업 경영목적에 맞는 커뮤니케이션과 자극을 기할 수 있는 것이다(유동근, 1991).

결국 마케팅의 궁극적인 목표는 상품판매의 증가를 통한 이익 창출이며 이를 위하여 기업은 상황에 적합한 경영목표를 수립하고 스폰서를 통하여 목표를 달성하고자 한다. 기업의 스포츠 스폰서십을 통한 목표 또한 판매증진, 브랜드 인지도 향상, 브랜드 로열티 증가, 새로운 시장에의 접근, 시장 점유의 증가 등 경영 상황에 따라 그 예는 매우 다양하게 나타난다. 이에 기업은 기업 경영목표에 따라 가장 적합한 스포츠 또는 이벤트 및 종목을 선정하여 스폰서를 하게 되는 것이다. 코카콜라의 경우 올림픽 스폰서십을 통하여 펩시와의 콜라 전쟁에서 승리할 수 있는 결정적인 계기를 마련하였으며, 이를 통하여 세계 최고의 브랜드 자산(Brand Equity)을 소유하게 되는 결과를 가져오게 되었다.

3) 미디어 노출

기업 커뮤니케이션 정책의 한 도구로서 광고가 미디어에서 차지하는 비중은 더욱 커져 가고 있다. 미디어의 입장에서 광고는 주요 수입원으로 그 위치가 점점 더 중요해지고 있다. 그러나 오늘날 거의 포화상태에 있는 시장상황 질적 격차가 크지 않는 제품들은 기업이 스포츠 스폰서십과 같은 새롭고도 혁신적인 방법을 마케팅 커뮤니케이션의 도구로 사용하도록 강요하고 있다.

스폰서십과 광고의 차이점은 매우 뚜렷한데, 스폰서십은 방송광고나 인쇄매체 광고와는 달리 인위적으로 창조된 환경에서 실시되는 것이 아니라, 긍정적으로 자리 잡고 있는 기존의 정서적 환경 아래에서 실시된다. 오늘날 기업들이 앞다투어 스포츠를 매개체로 소비자들과 커뮤니케이션을 시도하려는 이유는 현재의 마케팅 상황에서 스포츠가 가장 혼란이 적은 미디어로서 소비자에게 기업의 의도를 전달하는 최적의 매체라고 판단하기 때문이다.

이와 같은 스포츠 이벤트나 상품의 광고 또는 홍보 시 스폰서 업체는 자연스럽게 언론에 노출될 수 있는 기회를 얻게 됨으로써 직간접적으로 기업의 제품이나 서비스의 미디어 노출효과를 얻을 수 있다. 특히 술이나 담배 회사의 경우, 직접적인 TV광고가 금지되고 있는 상황에서 스포츠나 이벤트 스폰서십을 통해 자연스럽게 소비자들에게 접근할 수 있는 매우 효과적인 미디어 노출효과의 수단으로 사용되고 있다(Mulin, Hardy, & Sutton, 2000).

4) 지역사회의 참여

스포츠 스폰서십 참여가 기업에게 제공할 수 있는 또 하나의 효과는 대중관계를 강화할 수 있다는 것이다. 특히 지역 스포츠나 스포츠 이벤트 참가를 통하여 기업은 지역주민들에게 지역사회의 중요한 문제에 대하여 기업의 관심을 소비자들에게 전달함으로써 지역에서 기업의 이미지를 개선하고 잠재적인 소비자를 확보할 수 있다. 그중에서 인천을 연고로 하는 SK와이번스 프로야구단은 인천 지역사회를 위해 야구를 통한 엔터테인먼트를 추구하는 스포테인먼트(Sportainment), 친환경 소재의 유니폼 제작 등 환경에 대한 책임을 실현하는 그린스포츠(Green sport), 지역 어린이들을 위한 생활체육형 유소년야구교실, 저소득층 자녀들을 위한 행복 나눔 체육교실, 에듀테인먼트(Edutainment)를 통해 사회공헌 활동을 전개하는 등 지역사회 차원을 넘어 국가복지사업에 기여하고 있다.

에듀컨텐츠·휴피아
CH Educontents·Huepia

제4장. 스포츠 시장 세분화(STP 전략)

 스포츠 마케팅 활동을 체계적이고 일관성 있게 추진하기 위해서는 먼저 스포츠 마케팅 전략을 수립해야 한다. 전략적 스포츠 마케팅 핵심은 STP 마케팅, 즉 시장의 세분화(Segmentation), 시장의 표적화(Targeting), 그리고 제품의 위치화(Positioning)이다. 이를 표적마케팅이라고 한다. 이는 하나의 시장을 서로 다른 제품이나 마케팅믹스를 원하리라 생각되는 독특한 세분시장으로 대응하는 제품의 위치와 개념을 선정, 개발 및 전달하는 것이다.
 마케팅 전략에 STP 개념을 최초로 밝힌 학자는 필립 코틀러(Philip Kotler) 박사이다. 필립 코틀러는 마케팅 경영관리 과정을 5단계 과정으로 설명했는데 이 내용은 다음과 같다.
 제1단계는 조사(Research) 단계이다. 제2단계는 STP 단계로서, 마케팅 전략, 즉 시장세분화, 목표시장 선정 그리고 포지셔닝 단계이다. 제3단계는 마케팅믹스(Marketing Mix), 즉 제품(Product), 가격(Price), 장소(Place), 촉진(Promotion) 관리 단계이다. 제4단계는 실행(Implementation) 단계이며, 마지막으로 단계는 통제(Control) 단계로서 지금까지 실행되어 온 경영관리 과정에 대한 피드백을 얻고 결과를 평가하며 STP 전략이나 마케팅믹스 전술을 수정 또는 개선하는 단계로 설명하였다.
 코틀러의 5단계 과정은 스포츠 마케팅 관리에도 그대로 적용될 수 있다. 즉 스포츠 시장조사를 통하여 각기 다른 욕구를 가진 스포츠 소비자들로 구성된 서로 다른 세분시장들을 발견하고, 여러 세분시장 중에서 기업은 자신들이 경쟁자보다 탁월하게 충족시킬 수 있는 세분시장을 설정하는 것이다. 다음은 스포츠 기업이 각 표적시장별로 상품의 위치를 정하는 포지셔닝을 수행함으로써 자사 상품이 경쟁상품과 어떻게 다른가 하는 것을 알린다. 이러한 STP 전략은 기업의 전략적 마케팅 사고를 대표한다. 이제 스포츠 기업은 자사가 수립한 STP 전략을 바탕으로 하여 제품, 가격, 장소, 촉진 등의 요소로 구성된 전술적 마케팅믹스(Marketing Mix)를 개발한다. 다음으로 스포츠 기업은 마케팅믹스를 실행(Implementation)하고 마지막으로 가능한 측정 요소를 이용하여 결과를 통제(Control), 즉 모니터 및 평가한 후 STP 전략과 마케팅믹스 전술을 개선해 나가는 것이다.

따라서 스포츠 기업은 마케팅 환경(거시적/미시적)과 시장(고객시장/경쟁상품시장)에 대한 분석을 통하여 고객의 이질성과 마케팅 활동을 차별성을 파악해 광고전략을 수립하고, 고객 간 또는 상품 간의 이질성을 파악하여 고객집단을 표적으로 그들의 요구에 부합하는 개성 있는 상품으로 차별화된 표적마케팅을 수행한다. 이러한 표적마케팅을 수행하는 기업은 치밀한 시장분석을 전제로 한다.

1. 시장의 세분화(Segmentation)

시장 세분화는 현 시장에 있는 경쟁상품의 마케팅 활동과 이에 대한 고객 반응을 이질성을 분석하고, 이들을 비교적 동질적인 세분시장(Market segment)의 범주들로 묶어서 파악하는 단계이다. 시장세분화는 고객의 이질성을 분석하는 고객시장의 세분화(customer marketing segmentation)와 경쟁상품의 이질성을 분석하는 상품시장의 구조분석(product market structure analysis)을 포괄하는 활동이다.

시장 세분화 과정에서는 소비자 행동을 이해하고 소비자의 선호도가 어느 방향으로 향할 것인지를 예측하여야 한다. 시장 세분화 과정과 시장 조사의 실행, 마케팅 이론의 지속적인 학습, 새로운 시장 정보 수집 등의 과정이 유기적으로 이루어짐으로서 성공적인 마케팅이 가능하게 된다.

마케팅의 최대 관심은 소비자의 욕구충족을 통한 이윤추구이다. 그러나 스포츠 소비자의 욕구는 갈수록 다양해지고 있기 때문에 모든 소비자의 욕구를 충족시켜주는 것은 사실상 어렵고, 따라서 다수의 만족을 위해 공통적인 요인을 중심으로 시장을 세분화하여야 한다. 스포츠 시장 세분화란 이질적인 하나의 시장을 여러 개의 비교적 동질적 세분시장으로 분할하는 과정이며, 그 목적은 특정 세분시장을 선정하여 가장효과적인 마케팅믹스를 투입하고자 하는 것이다. 즉 전체 스포츠 시장을 제품이나 서비스에 대한 욕구가 비교적 유사한 사람들로 구성된 집단으로 나누는 과정을 의미한다.

시장세분화를 통해 해당 조직의 경쟁우위와 약점은 무엇이며, 마케팅 활동을 경쟁자와 어떻게 차별화할 것인지를 알 수 있다.

Stotlar(1993)는 시장을 세분화하지 않고 어디에든 똑같은 마케팅믹스를 투입한다면, 필요 이상의 자원을 낭비하거나 불만족한 소비자를 양산하는 결과를 초래하게 될 것이라고 하였다. 고객시장의 세분화 여부는 여러 요인으로부터 영향을 받는다. 이 요인들을 살펴보면 기업의 기대 효익을 높이는 데 관련된 요인과 세분화에 따른 차별화 마케팅 프로그램의 비용을 낮추는 데 관련된 요인으로 구분해 볼 수 있다. 고객시장을 어떻게, 얼마만큼 세분화할 수 있는가는 기업의 표적마케팅 수행 능력에도 중요한 영향을 받는다.

세분화의 기대 효익은 고객의 이질성으로부터 영향을 받는다. 고객의 이질성의 집단화에는 동질성 분포, 집단화 분포, 확산적 분포가 있는데 이 중에서 고객의 몇 개의 동질적인 집단으로 파악되는 경우 세분화의 기대 효익은 가장 크게 나타난다. 확산적 분포를 보이는 시장에서도 당면한 경쟁이나 예상되는 미래 경쟁 때문에 시장을 세분화하고 차별화된 마케팅을 수행하는 경우가 많다. 특히 시장규모가 크다면 표적시장별로 차별화된 마케팅을 수행할 가능성이 더욱 커진다. 시장의 소비자들이 집단화 분포를 가지는 경우에 세분화를 하지 않으면 보통 합산 평균의 문제라 부르는 심각한 문제점이 발생한다.

고객 간에 집단화 분포를 보이는 경우라도 소수의 고객층이 소비량의 대부분을 차지하는 경우에는 세분화 여부를 신중하게 고려하여야 한다. 즉 일부 청소년층이 노스페이스(North Face) 구매량의 대부분을 차지하는데, 이러한 경우에는 물론 대량을 구매하는 고객층을 표적시장으로 고려하는 것이 일반적이겠지만, 경쟁이 심한 경우에는 바람직하지 않을 수 있다. 대량구매층에만 집착하는 것을 '대다수의 오류(majority fallacy)'라 하여 마케팅에서 흔히 보이는 오류의 하나로 지적되고 있다. 고객시장의 세분화 여부를 결정할 때는 선정한 표적고객의 까다로운 요구를 경쟁자보다 잘 충족시켜 브랜드 애호적인 소비자층을 형성하고, 그 소비자층을 바탕으로 브랜드자산(상표자산)의 가치를 높여서 장기이익을 극대화하는 것이 궁극적이 목표이다.

1) 스포츠 시장 세분화의 필요성

스포츠 시장에서의 세분화 필요성은 첫째, 다양화되어 가는 스포츠 시장을 전체적으로 커버할 수 있을 만큼 보유 및 활용 가능한 자원에 한계가 있기 때문이다. 둘째, 기술의 향상과 업종 간 경쟁이 심화되고 스포츠 제품 간에 격차가 없는 제품이 쏟아져 제품의 동질화 및 시장의 성격이 동질화되어 스포츠 소비자의 주의나 관심에서 외면당하기 쉬워 소비자의 욕구에 부합한 서비스나 제품을 맞춤 제공하여야 하기 때문이다. 셋째, 소비자의 스포츠 제품에 대한 다양화 욕구가 강화되어 기존의 제품 기획만으로 마케팅 능률을 저하시켜 이윤이 감소하기 때문에 목표소비자에게 맞는 효과적인 마케팅 전략 수립 및 기획을 위해서는 스포츠 시장의 세분화가 필히 요구된다.

2) 시장세분화의 조건과 단계

① 시장세분화의 조건
시장세분화를 위해서는 다음과 같은 4가지의 조건이 고려되어야 한다.

첫째, 측정가능성(Measurability)이다. 시장의 규모와 구매력이 계량적으로 측정될 수 있어야 한다(시장규모, 소비자 특성, 판매 잠재력, 비용 등을 정확히 파악할 수 있어야 한다.).
둘째, 접근가능성(Accessibility)이다. 시장의 법규, 사회적 규범, 유통상의 제약 등의 시장 접근가능성을 파악하여야 한다. 예를 들어 불치병 환자에게 스포츠 프로그램을 기획하여 참가시키고자 한다. 그러나 현실적으로 불치병환자에 대한 참가자 파악과 접촉이 어려우므로 시장을 세분화할 수 있는 접근가능성의 여부가 세분화의 조건으로 고려되어야 한다.

셋째, 실체성(Substantiality)이다. 투자할 가치가 있고 수익성이 확보될 수 있어야 한다. 규모가 작다면 획기적인 운동기구라 하더라도 시장을 세분화할 이유가 없기 때문이다.

넷째, 실행가능성(Actionability)이다. 조직이 효과적으로 마케팅믹스를 개발하고 실행할 수 있는 능력과 자원을 보유하고 있어야 한다. 아무리 유망한 세분시장을 발견했다고 해도 인적 물적 자원을 동원할 능력이 부족하면 시장세분화의 의미가 없기 때문이다.

② 시장세분화의 단계

시장세분화는 결국 기업이 집중해야 할 세분시장을 고르는 작업이다. 따라서 스포츠 마케터는 세분된 스포츠 시장을 평가하고 그중에서 기업이 공략해야 할 세분시장을 선택한다. 그리고 기업이 마케팅 프로그램을 펼쳤을 때 가장 쉽게 반응할 시장을 찾는다.

시장세분화를 할 경우 대부분 수익성이 가장 큰 스포츠 시장을 노리게 되는데, 이러한 시장의 경우 경쟁 강도가 높기 때문에 일반적으로 최적의 기회는 아니다. 이 경우 경쟁자들 간의 경쟁이 심할 뿐 아니라 스포츠 소비자들이 기존 경쟁 제품들에 대해 높은 브랜드 충성도를 갖는 경우가 많기 때문이다.

③ 시장세분화의 변수

고객시장을 세분화하는 가장 바람직한 기준은 고객의 개인별 마케팅 반응에 대한 이질성이다. 즉 소비자는 가격반응에 따른 차이를 보여주는데, 가격상승에 민감하게 반응하는 합리적인 소비자, 가격변화에 반응을 하지만 그렇게 민감하지는 않는 보통 소비자, 가격이 상승할 때 수요가 오히려 늘어나는 감각적인 소비자 등 세 유형이 시장에 있다는 것을 보여 주고 있다.

마케팅 반응을 개인 차원에서 파악하는 것은 어렵기 때문에 이질성 분석의 기준으로 선택브랜드, 브랜드전환 정도, 구매빈도 등 고객의 상품선택 행동, 품질, 가격, 디자인 등 고객이 선호하는 상품속성의 값, 추구하는 상품의 혜택 등을 통해 스포츠 소비자의 반응을 파악한다.

그러나 이질성의 기준으로 스포츠 시장을 세분화하는 데 가장 많이 활용하는 것은 측정과 분석이 용이한 인구통계학적 지리적 심리묘사적 행위적 변수 등이다. 이들은 스포츠 제품 구매행동의 원인이 되는 요인이라기보다는 앞에서 열거한 원인변수들과 깊다고 생각하는 간접적인 변수들이다.

지역별 세분화에서 중요한 분석 방법의 하나는 브랜드개발지수와 상품개발지수를 이용하는 것이다. 브랜드개발지수란 전국의 1,000명당 브랜드의 사용자 수에 대비한 특정 지역의 1,000명당 브랜드의 사용자 수이다. 이 두 가지 지수를 비교하면 상대적으로 강세의 지역시장과 약세의 시장지역이 드러난다. 또한 두 가지 지수가 모두 강한 주요 지역시장과 두 가지 지수가 모두 약한 저구매력 또는 개발이 안 된 미지의 지역시장을 판별 할 수 있다. 상품개발지수란 전국 1,000명당 상표의 사용자 수에 대비한 특정 지역의 1,000명당 상품 사용자 수를 지수로 나타낸 것이다.

동일한 시장이라도 시장세분화는 변수에 따라 다양한 세분시장으로 나타난다. 어떠한 기준을 갖고 시장을 세분화할 것인가? 이에 스포츠 시장세분화를 위한 변수를 살펴보면 다음과 같다.

가. 인구통계학적 세분화(Demographics Segmentation)

고객의 고유특성 중에서도 객관적으로 쉽게 관찰하거나 측정할 수 있는 변수로 성별, 나이, 교육, 소득, 직업, 가족 수, 가족의 수명주기상의 단계, 종교 등이 이에 속한다. 인구통계학적 변수의 분별력을 높이기 위하여 시도되는 것이 여러 개의 인구통계학적 변수를 복합적으로 사용하는 방법으로 스포츠 소비자의 구매행동과 밀접한 관계가 있기 때문에 일반적으로 스포츠 시장을 세분화할 때 많이 사용되는 방법이다.

나. 지리적 세분화(Locational Segmentation)

소비자의 욕구와 반응이 지역적으로 다르다는 가정에 따른 습성, 가치 등이 지리적 위치에 의하여 스포츠 시장을 세분화하는 방법이다. 예를 들면 미국의 Maxwell House 커피는 제품의 전국적으로 판매하고 있으나 맛은 지역적으로 다르게 하고 있다. 즉 강한 커피를 좋아하는 서부지역에는 진한 커피를 팔고, 동부지역에는 그보다 약한 커피를 판매하고 있다. 또한 R. J. Reynolds 담배회사는 시카고 지역을 3개로 나누어 담배를 팔고 있다. 북쪽 지역은 높은 교육 수준으로 건강에 많은 관심을 가지고 있기 때문에 타르가 적은 담배에 주력하고, 남동쪽 지역은 공장 근로자들이 많아 보수적이기 때문에 Winston을 집중적으로 판매한다. 한편 흑인이 많은 사는 남쪽 지역은 흑인용 신문 등에 Salem을 광고하고 있다.

다. 심리묘사적 세분화(Psychographics Segmentation)

동기, 관심 그리고 태도 등과 같은 비교적 무형적 변수로 구성된 심리묘사적 특성을 기준으로 스포츠 시장을 세분화하는 방법이다. 심리묘사적 세분화의 하위변인에는 AIO분석 세분화와 라이프스타일(Life style) 유형에 따른 세분화 방법을 활용한다.

개인의 고유특성 중에서 심리적 특성과 관련된 변수로 객관적으로 측정하기는 어렵지만 스포츠 소비자를 깊이 이해하는 데 도움을 준다. 고객의 심리적 특성을 파악하기 위한 목적으로 가장 많이 동원되는 방법은 AIO분석으로 소비자의 쉬비활동, 여가활동, 사회활동, 등의 여러 활동(activities), 가족, 집, 일, 사회문제, 옷, 식사, 커뮤니케이션 매체, 성취감 등의 대상에 대한 관심(interests), 그리고 자신, 사회문제, 정치, 사업, 교육, 경제, 상품, 문화, 미래 등 여러 주제에 대한 의견(opinion)을 조사하여 스포츠 시장을 세분화한다.

라이프스타일은 사람들이 생활하는 방식 그리고 소비자 행동을 설명하는 데 있어서 인구통계학적 사회적 경제적 그리고 심리적 특성이 설명하지 못하는 점을 보다 현실적이고 구체적이면서도 종합적으로 설명해 준다는 점에서 중요한 변수 중의 하나이다.

이와 같이 심리묘사적 세분화는 사람의 성격(personality), 생활양식(lifestyle), 의견, 새로움의 추구성향, 좋아하는 자극의 수준 등 심리적인 성향을 통해 스포츠 시장을 세분화 할 수 있으며, 스포츠 시장 상황에 따라 새로운 성향을 개발하기도 하는데, 이때는 타당성(validity)과 신뢰도(reliability) 수준을 확립하는 데 각별히 유의를 해야 한다. 예를 들면 캠벨(Campbell)은 종류가 단순하고 값싼 수프(soup)만을 생산하였다.

이에 따라 캠벨은 수프시장의 대부분을 점유하면서도 값싼 제품이 많기 때문에 높은 이익을 올리지는 못했다. 그러나 이 회사는 점차 소비자 생활양식의 변화를 깨달았고, 그 변화에 알맞은 여러제품을 생산하여 크게 성공하였다. 과거에는 6시 정각에 모든 가족들이 모여 식탁에 앉아 규칙적인 식사를 하였고 아버지는 일하고 어머니는 가정을 돌보며 아이들은 보통 두 명 정도 있었다. 그러나 지금은 생활양식이 크게 변하여 간식을 많이 먹으며 50% 이상의 가정이 식구가 2명이 이하이고, 혼자 사는 경우도 많이 늘고 있다. 이에 따라 캠벨사는 수프시장을 세분화하여 이들에게 알맞은 334개의 신제품을 내놓아 큰 성공을 거두었다.

라. 행위적 세분화(Behavioral Segmentation)

행동변수 또한 인구통계학적, 심리묘사적 변수와 더불어 많이 활용되는 세분화의 변수로서 특정 상품이나 브랜드의 사용 여부, 사용정도, 수용 단계(알고 있는 단계, 시험 구매한 단계, 선호도 형성단계, 반복구매단계, 애호도 확립단계 등), 상품의 사용 기회나 시간, 상품을 통하여 추구하는 혜택(benefit), 브랜드 애호 정도(애호적 소비자, 다 브랜드 사용자, 브랜드전환 소비자, 경쟁브랜드 애호소비자 등) 등을 들 수 있다.

특히 추구혜택에 따른 혜택기준 세분화(benefit segmentation)는 상품 포지셔닝을 정립하는데 중요한 단서를 제공하므로 최근 활발히 활동되는 분야이다. 혜택기준을 세분화하는 방법으로는 결합분석(conjoint analysis)이 많이 활용된다. 특정 스포츠 제품에 대한 소비자들의 행동적 기준을 이용해서 스포츠 시장을 세분화하는 것이다. 행위적 세분화의 예로, 시계를 구입하는 소비자의 1/3은 값싼 시계를 원하며 다른

46%의 소비자는 오래 사용하고 고급품인 시계를 원하고 있다. 이에 응하여 타이맥스(Timex) 시계는 값싼 제품을 만들어 값싼 상품을 취급하는 소매상에서 판매하였고 그 결과 세계 최대의 시계회사가 되었다.

또한 레버 브라더(Lever Brother) 회사는 옷에 자기 체취가 남아 있는 것을 염려하여 소비자들을 겨냥하였다. 미국인들은 운동을 많이 하고 또 인조 합성섬유로 된 옷을 많이 입기 때문에 옷에 체취가 오랫동안 남아 있었다. 여기에 초점을 맞춘 레버 브라더사는 이 체취를 제거하는 세제 '서프(Surf)'를 개발하여 미국에서 두 번째로 잘 팔리는 세제가 되었다.

마. 시간에 의한 시장세분화(Time Segmentation)

시간에 따라 소비자의 행동이 다르게 나타난다는 가정하에 시간대를 기준으로 스포츠 시장을 세분화하는 이유는 시간이 현대인들에게 보다 중요한 의사결정 변수로 작용하기 때문이다. 예를 들어 스포츠 센터 이용자들의 하루, 주중, 연중, 시간의 경과 그리고 계절의 변화 등을 파악하여 스포츠 시장을 세분화할 수 있다.

바. 다속성 기준에 의한 시장 세분화(Multivariable Segmentation)

대부분의 실무에 있어서 스포츠 시장 세분화를 할 경우에는 단일 기준보다는 여러 가지 기준을 활용한다. 스포츠 음료 소비자를 예를 들면, 우선 나이를 기준으로 25세에서 34세까지의 스포츠 음료 소비자가 58%, 35세에서 49세까지가 44%로 이 둘을 합치면 전체의 92%를 차지한다. 그리고 남성과 여성 비율로 보면 남성이 83%를 차지한다. 마지막으로 소비자들이 찾는 혜택을 보면 맛을 기준으로 선택하는 사람들이 76%에 이르고, 6%는 저지방, 5%는 가격, 5%는 쉽게 구할 수 있는 것을 기준으로 스포츠 음료를 선택한다. 이 예에서 우리는 25세에서 49세의 남성중에서 맛을 기준으로 스포츠 음료를 선택하는 사람들이 가장 큰 시장임을 알 수 있다.

2. 시장의 표적화(Targeting)

시장의 표적화란 가능한 세분시장들 중에서 기업이 표적으로 하여 마케팅 활동을 수행함으로써 고객은 물론 기업에게 가장 유리한 성과를 제공해 주는 매력적인 목표시장을 말한다.

개인을 둘러싼 사회적 배경, 문화, 인식 수준, 동기, 태도, 교육 상태, 성격, 가족, 경제상황 등을 모두 고려하여야 한다. 이를 토대로 한 타겟팅과 그에 맞는 전략을 통해 고객 감동을 이끌어낼 수 있는 제품 또는 서비스를 제공할 수 있게 된다.

1) 시장의 표적화 기준

시장을 세분화한 후에는 공략하기 위한 목표시장을 결정해야 한다. 목표시장을 선정할 때는 다음과 같은 기준을 고려하여야 한다.

첫째, 개별 세분시장의 매력도이다. 매력도는 세분시장의 크기, 성장성, 수익성, 접근성, 평가용이성, 위험, 세분시장 내 경쟁 등을 종합 평가하여 결정한다.

둘째, 공급자의 마케팅을 목적과 확보된 자원을 고려해야 한다. 세분시장의 객관적인 매력도가 높다 하여도 자사의 목적과 부합하지 않거나 자원이 확보되지 않을 경우, 목표시장으로 적합하다고 할 수 없다.

셋째, 몇 개의 목표시장을 선정할 것인가를 결정해야 한다. 한 개의 세분시장만을 선택하여 집중할 것인가, 여러 개의 세분시장을 전략적으로 선택할 것인가, 아니면 모든 시장을 대상으로 할 것인가를 정하는 것이다. 이것 역시 공급자의 조직 차원의 전략과 장기적 마케팅 목표 그리고 확보되거나, 확보 가능한 자원을 고려하여 결정해야 한다.

위에서 살펴본 STP전략의 1단계에서 예로 언급한 골프시장 세분화 결과는 다양한 골프 비즈니스 종사자들이 목표시장을 선정하는 데 사용될 수 있을 것이다. 예를 들어 골프공 제조업체의 경우 새로운 신제품을 기획할 때 5개의 세분시장 각각의 크기, 성장성, 수익성, 경쟁성 등을 종합하여 목표시장을 선택할 수 있을 것이다. 새롭게 유입되는 골프인구가 급속히 증가할 경우 초보골퍼 시장을 목표로 할 수도 있겠으나 시장기회가 클 경우 경쟁자가 늘어나기 때문에 시장점유율 경쟁이 치열해지면서 수익성이 줄어들 수도 있다.

또한 골프장을 새로 건설하여 개장하려는 공급자 역시 고객흡인 가능 지역 내에서의 세분시장별 크기, 수익성, 경쟁성 등을 평가하여 목표시장을 선택해야 한다. 그래야 목표시장에 따라 골프코스를 어떻게 디자인하고 어떤 서비스를 제공해야 하는지를 결정할 수 있다. 한 지역 내에 골퍼들이 수준별로 비슷하게 분포되어 있을 경우, 초급 및 중급 골퍼를 위한 골프코스를 가지고 있는 공급자가 고급골퍼를 위한 골프코스를 하나 더 마련함으로써 전략적으로 시너지 효과를 만들고자 할 수도 있을 것이다. 중요한 것은 세분화된 시장에 대한 정보와 공급자의 전략적 목표 그리고 자원이 종합적으로 고려되어 목표시장에 대한 결정을 내려야 한다는 것이다.

경쟁제품이라는 것은 소비자의 마음속에서 그 대체성이 인식되어야 하는데, 이러한 인식은 결국 소비자 특성에 따라 차이가 생기기 때문에 이 두 차원은 동시에 고려되어야 정확한 스포츠 시장 파악이 가능해진다. 그러나 고객 이질성과 제품 이질성의 두 차원을 동시에 고려하는 분석은 현실적으로 어려움이 많기 때문에 일단 두 하위시장의 이질성을 각각 분석한 다음에 분석 결과를 같이 놓고 종합적으로 표적시장계획을 수립하도록 구상하는 것이 보다 현실적이다. 표적시장은 파악된 세분시장 중 주 표적시장과 필요한 경우 부 표적시장을 정하는 것이다. 이때 고려되는 기준은 시장매력도(시장규모, 성장성, 경쟁 정도), 기업의 적합도(기술적합도, 마케팅적합도, 비용구조의 적합도)이다.

2) 시장의 표적화 전략

스포츠 마케터들은 일반적으로 수익성, 경쟁강도, 시장의 반응성 등 세 가지 요소를 기준으로 해서 목표시장을 선정한다. 스포츠 서비스에 대한 시장기회 분석과 세분시장을 파악한 후 적절한 표적시장 전략을 개발하여야 하는데, 각 세분 시장의 잠재성을 평가한 다음에 해야 할 일은 몇 개의 시장을 목표로 할 것인가를 결정하는 것이다. 여기에는 세 가지 방법이 있다.

첫째, 집중화 전략(Concentration Strategy), 둘째, 차별화 전략(Differentiation Strategy), 셋째, 맞춤 전략(Atomization Strategy)이 그것이다.

첫째, 집중화 전략(Concentration Strategy)은 1개의 세분시장만을 대상으로 모든 노력을 집중하는 전략으로 큰 시장에서 낮은 점유율을 차지하는 것보다도 하나 혹은 몇 개의 세분시장에서 보다 높은 점유율을 확보하려고 하는 방법이다. 이 방법은 생산, 유통, 촉진의 전 과정을 전문화시킬 수 있으므로 많은 영업 활동의 경제성을 얻을 수 있을 뿐만 아니라 세분시장을 잘 선택하기만 하면 투자에 대한 수익률을 크게 높일 수 있다. 집중화 전략은 두 가지 조건하에서 그 가치가 정당화된다. 1. 현재의 세분시장과 고려되는 새로운 세분시장 사이에 시너지 효과가 없는 경우, 세분시장 사이의 긍정적인 시너지 효과는 비용절감을 촉진시키며 따라서 이익을 증가시키기 때문이다. 2. 기업의 잠재적 시장규모가 큰 경우, 하나의 세분시장만으로도 기업의 이익목표를 충족시키기에 충분할 만큼 시장의 규모가 클 경우, 집중화 전략의 접근은 정당화된다. 반면 집중화 전략의 단점은 하나의 시장을 공략하기 때문에 그 시장에 속한 소비자들의 구매패턴이 변화하면 더 이상 시장으로서의 존재가치를 상실하게 되어 위험에 처하게 된다는 점이다.

둘째, 차별화 전략(Differentiation Strategy)은 마케팅 믹스를 다양하게 적용해서 상이한 시장에 접근하는 전략이다. 여러 세분시장을 목표로 삼고 이들 각각의 시장에 독특한 제품을 공급하는 방법이다. 서로 다른 세분시장에 존재하는 소비자들의 욕구를 충족시키기 위해서는 제품을 지속적으로 개발하여야 하기 때문에 집중화 전략보다 더 복잡하다. 그러나 생산, 마케팅, 관리기술, 전달해야 하기 때문에 집중화 전략보다 더 복잡하다. 그러나 생산, 마케팅, 관리기술, 전달해야 할 개념의 관점에서 집단들 사이에 긍정적인 시너지관계가 존재하는 경우 차별화 전략이 적절하다고 할 수 있다.

셋째, 맞춤 전략(Atomization Strategy)은 일종의 일대일 마케팅으로 현실적으로 실행하기 쉽지 않다는 한계를 가지고 있다. 위의 방법으로 목표시장 선정에 대한 전략을 수립하기에 앞서 각 기업은 첫째, 자사가 소유하고 있는 자원의 정도, 둘째, 제품의 동질성 또는 범용 제품 여부, 셋째, 시장의 동일성 여부 그리고 마지막으로 경쟁자의 전략 등을 염두에 두고 몇 개의 시장 전략을 택할 것인지 고르게 된다. 이와 같이 표적시장 결정을 위하여 각 세분시장의 규모와 성장성, 장기적 경쟁력, 기업의 목표와 자원 등의 분석을 통해 표적시장을 결정한다.

3. 제품 포지셔닝(Positioning)

고객의 인지적, 감정적, 행동적 요소를 고려하여 제품 포지셔닝(Product Positioning)을 하여야 제품이 소비자에게 높은 구매 의도를 이끌어낼 가능성이 높아진다.

스포츠 시장에서 자사 제품이 차지할 수 있는 독특한 위치를 찾아내는 작업을 제품의 위치화라고 한다. 즉 제품의 위치화(Positioning)란 소비자의 마음속에 제품과 브랜드에 대한 차별화된 또는 특정한 위치를 차지하는 것이다. 마케팅믹스보다 위치화 작업을 먼저 하는 이유는 좋은 자리를 선점하고 있으면 경쟁이 더 치열해지더라도 훨씬 유리한 유지에서 경쟁할 수 있기 때문이다.

결국 전략적 위치화(포지셔닝)는 제품과 브랜드에 대한 소비자의 지각을 말한다. 이미지가 제품에 대한 전체적인 인상을 의미하는 데 반해 포지션은 일반적으로 경쟁자와 비교되는 소비자 마음속의 정해진 준거기준(Reference Point)이라는 점에서 이미지와는 차별화된다. 즉 자사의 제품이나 브랜드를 경쟁자로부터 비교, 분리시킬 수 있는 특성을 찾아내는 것을 전략적 포지셔닝이라 할 수 있다. 포지셔닝은 스포츠 마케팅뿐 아니라 일반마케팅에서도 가장 핵심적인 개념이라고 할 수 있다. 포지셔닝은 광고전문가인 알 리즈(Al Ries)와 잭 트라우트(Jack Trout)가 1982년에 제시한 개념으로 이후 마케팅 전략의 핵심적 요소로 자리 잡았다. 이들은 포지셔닝을 다음과 같이 설명하였다.

'포지셔닝은 제품에서 출발한다. 그러나 포지셔닝이란 제품 자체에 초점을 맞추는 것이 아니라, 잠재고객의 마음에 초점을 맞추는 것이다.'

다시 말하면 포지셔닝이란 잠재고객의 마음속에 제품을 특별하게 자리 잡게 하는 것이다. 즉 시장세분화(Segmenting)와 목표시장 선정(Targeting)이 시장에 대한 분석이라면, 포지셔닝(Positioning)은 경쟁 상황에서 자사의 제품을 시장분석을 통해 선택된 목표시장과 어떻게 연계시킬 것인가에 대한 결정이다. 따라서 포지셔닝은 스포츠 마케팅 전략 수립 후 실행하게 되는 모든 마케팅 활동의 기본 골간이 된다는 면에서 중요하며 전략적으로 결정되어야 한다.

1) 포지셔닝의 기본적 원리와 특성

성공적인 포지셔닝 전략을 수립하기 위해서는 포지셔닝의 기본적 원리를 잘 이해하고 있어야 한다. 따라서 포지셔닝의 기본적 원리는 다음과 같다. 첫째, 목표시장 고객의 마음속에 위치를 잡아야 한다. 제품 자체의 특성보다 그것을 인식하는 목표시장 고객의 인식이 더 중요하다는 의미이다. 둘째, 단순하고 일관성 있는 하나의 메시지를 전달해야 한다. 현대사회에서 고객들은 너무나 많은 정보에 노출되기 때문에 단순하고 일관성 있게 경쟁자들과 구별되어야 한다. 시장에는 여러 공급자들이 경쟁을 하기 때문에 고객의 마음속에 경쟁자들과 되도록 구별되어 인식되도록 노력해야 한다는 것이다. 마지막으로 마케팅 노력을 집중시켜야 한다. 대부분의 공급자들은 모든 세분시장을 목표로 하기 힘들고 또한 자원이 한정되어 있다. 따라서 마케팅의 성과를 극대화하기 위해서는 모든 마케팅 자원과 노력을 목표시장에 집중시켜야 한다는 것이다. 포지셔닝의 구체적인 특성은 크게 차별화와 제품 개념화에 있다. 차별화란 자사의 제품을 경쟁자의 제품과 구별되도록 일련의 차이를 만들어내는 것을 말한다. 차별화는 크게 제품, 사람, 유통, 이미지 차원에서 일어날 수 있다.

첫째, 제품차별화이다. 제품 차별화란 제품이나 서비스 제품의 특성을 차별화시키는 것이다. 예를 들어 테니스 라켓을 다른 경쟁자와 구별된 최첨단 소재로 만들어 라켓의 무게를 현저히 줄이거나 전혀 새로운 디자인을 도입할 경우 이것은 무게 혹은 디자인이라는 제품 특성을 차별화한 것이다. 헬스클럽의 경우 다양한 서비스를 통해 차별화를 시도할 수 있다. 개별고객의 운동패턴을 모니터해 주거나 운동처방실 운영하여 개인의 특성에 맞는 맞춤형 운동프로그램을 제시해줄 수도 있고, 만약 운동처방서비스가 차별화 요소가 되지 않는다면 운동, 영양, 스트레스, 기타 건강관련 행동까지를 포함한 종합 웰니스(wellness) 서비스를 제공할 수도 있다.

둘째, 사람을 차별화하는 것이다. 사람 차별화는 특히 참여스포츠 서비스나 관람스포츠 서비스에서 적용될 수 있다. 기본적으로 서비스 상품은 상품제공자의 생산과정과 고객의 소비과정이 동시에 일어나기 때문에 사람 차별화는 특별히 더 중요한 의미를 갖는다. 프로스포츠의 스타선수는 그 자체로 선수가 소속된 프로스포츠를 차별화시키는 요소이다. 타이거 우즈나 마이클 조던, 이승엽 선수는 PGA, NBA, KBO의 차별화 요소로 작용한다. 그러나 선수의 차별화, 특히 선수기량의 차별화는 관람스포츠 서비스 조직의 경영자가 통제할 수 있는 것이 아니라는 데에 어려움이 있다. 선수 이외에도 티켓 판매 직원, 안내원 등 팬과 직접 접촉하는 직원들의 차별화를 시도할 수도 있고, 스폰서십을 판매하는 영업 인력의 차별화를 시도할 수도 있다. 참여스포츠 서비스의 경우도 멤버십 영업 인력, 프런트 직원, 트레이너 등 고객과 상호작용을 일으키는 모든 직원들의 차별화를 실시할 수 있다. 직원들이 보다 전문적이고, 친절하며, 신뢰감을 주고, 일관성이 있으며, 고객의 문제 해결에 즉각적으로 반응할 줄 알며, 고객과 원활한 의사소통을 할 줄 알수록 사람의 차별화를 이뤄낼 수 있다. 사람의 차별화는 공급자 측면에서뿐 아니라 고객차원에서도 시도할 수 있다. 엄격한 멤버십으로

운영되는 헬스클럽이나 골프장에서 특정 자격을 갖춘 고객에서만 멤버십을 제공하는 것은 고객의 차별화를 시도하는 좋은 예이다.

　셋째, 유통을 차별화하는 것이다. 예를 들어 고급 스포츠클럽을 지향하는 공급자가 전국적인 프랜차이즈를 만들 경우 소득수준이 높은 지역으로 위치를 한정하여 차별화 시킬 수 있다. 또한 스포츠 용품 유통업체가 유통채널을 온라인으로만 한정하고 직접 마케팅을 실시하는 것도 일종의 유통 차별화라고 볼 수 있다.

　넷째, 이미지를 차별화하는 것이다. 제품이나 서비스 제품의 특성과 혜택이 같더라도 공급자나 브랜드의 이미지에 따라 고객들은 다른 반응을 보일 수 있다. 스포츠 시장의 공급자들은 이미지 차별화를 가시적인 증거로 나타내기 위해 개성 있는 로고를 사용하고 이를 통해 이미지를 강화시킨다. IOC는 올림픽 자체의 이미지를 강화하기 위해 올림픽 경기는 물론 IOC의 모든 활동에 올림픽 로고를 반드시 사용하고 있다. 이미지는 제품이 제공되는 장소에 의해서도 차별화될 수도 있다. NBA는 세계 최고의 기업들이 모여 있는 맨해튼 5번가에 NBA 라이선싱 제품을 파는 전문매장을 운영하고 있다. 또한 스폰서십도 이미지 차별화의 좋은 수단이다. 나이키는 자사 제품의 우월성 이미지를 강조하기 위해 세계 최고의 운동선수, 팀, 스포츠 이벤트를 후원하고 있다. 차별화 작업의 결과가 나오면 이를 기초로 상품을 개념화해야 한다. 제품 개념화란 공급자가 제공하는 제품이나 서비스가 소비자에게 어떻게 인식되기를 바라는가를 보다 구체적으로 고안하는 것이다. 클럽메드(Club Med)는 일상에서 벗어나 진정한 자유라는 제품 개념을 고객에서 제시하고 있다. 실제로 고객이 일상에서 완벽하게 벗어날 수 있도록 스포츠 활동 중심의 다양한 서비스가 고안되어 실제 스포츠 서비스 제품으로 구현되고 있다. 데이비드 스턴(David Stren)이 이끄는 NBA는 엔터테인먼트 서비스라는 제품 개념을 도입하여 기존 프로농구 경기에 엔터테인먼트적 요소를 적극적으로 가미하였으며 호주의 NSWRL(NEW South Wales Rugby League)이라는 럭비리그는 제품이미지를 지나친 폭력적 이미지에서 매력적이고, 빠르며, 신나는 게임으로 새롭게 인식시키고자 적극적인 광고캠페인을 벌여 성공적으로 이미지를 재포지셔닝

하였다.

2) 포지셔닝의 목표

포지셔닝의 첫 번째 개념은 소비자가 이제는 으뜸 브랜드만 편애한다는 점이다. 까다로워진 고객들은 가장 좋아하는 브랜드 하나만을 집중적으로 선택하고, 이를 오래 기억하며, 경쟁대안을 비교하는 기준으로 삼고, 경우에 따라서는 정을 붙이고 특별한 의미를 부여하기도 한다. 이러한 으뜸 브랜드의 수요가 늘어날 때, 경쟁브랜드 중에서 가장 많은 판매 증가의 혜택을 받게 된다. 브랜드가 으뜸 브랜드가 되기 위하여 먼저 으뜸이 될 수 있는 표적고객을 선정하여야 한다. 즉 경쟁우위를 현실적으로 실현할 수 있는 가장 적합한 고객집단을 선정하고, 그들의 마음속에 선택의 이유를 제공해 주어야 한다. 포지셔닝의 두 번째 중요한 개념은 고객의 인식이 중요한 역할을 한다는 것이다. 이것은 포지션이란 개념에 제품의 물리적 측면뿐만 아니라 심리적 측면이 포함된다는 것을 의미한다. 이렇게 브랜드 포지션이 선정되면 이 개념은 마케팅믹스의 각 활동을 통하여 달성하고자 하는 구체적인 공통목표가 되며 마케팅믹스 활동이 조화 있게 계획되고 수행할 수 있기 때문에 통일성과 효율성을 향상시킨다. 표적고객을 선정하고 브랜드 포지션으로 경쟁우위를 결정하여 포지셔닝 목표가 확정되면 이를 구체적으로 소비자의 마음속에 심어 줄 마케팅 차별화 전략을 수립하고 수행하는 단계에 이른다. 마케팅 차별화 전략이란 일단 선정된 경쟁우위를 표현하고 전달하게는 커뮤니케이션 과업(communication task)과 경쟁우위를 실제로 고객이 알고 느끼게끔 하는 운영과업(operating task)을 수행하는 전략을 말한다. 커뮤니케이션 과업은 브랜드 포지션을 알게 하고 이해하게 하는 과업으로 광고, 판매, 촉진, 판매원 활동 등 마케팅 커뮤니케이션 활동을 통하여 수행된다. 운영과업은 필요한 장소에서, 브랜드를 알아보고 이해하며, 적절한 값에 필요한 사람이 사용 또는 소유할 수 있게 중간에 존재하는 많은 장애를 극복하는 과업으로 마케팅 커뮤니케이션 과업 이외에도 모든 마케팅믹스 활동을 통하여 수행된다. 따라서 운영과업을 수행하는 것은 브랜드 포지션의 커뮤니케이션 과업을 수행하는 과정에서 소비자가 이해한 내용을 스스로 확인하고 깊이 있게 이해하며 피부로 느끼도록 하는 구체적 힘이 되는 것이다. 이러한 운영과업이 이루어지지 않는 상황에서 커뮤니케이션 과업만 수행한다면 경쟁우위는 사실상 고객의 마음에 지속적으로 유지될 수 없으므로 궁극적으로는 포지셔닝에 성공하지 못할 것이다.

표적마케팅의 목표는 바로 이러한 포지셔닝을 올바로 수행하여 고객의 마음속에 분명하고 지속적인 포지션을 정립하는 데 성공함으로써 애호도가 높은 고객층을 넓게 형성하고, 이들을 통하여 브랜드 자산의 가치를 향상 시키며, 궁극적으로 장기이익을 극대화하려는 것이다. 이러한 형태의 표적마케팅은 이미 신제품이 시장에 도입되기 전에 기획되어 브랜드의 포지션이 미리 계획되고 제품의 수명주기 단계에 따라서 어떠한 포지션의 변화와 마케팅 활동이 필요한지를 계획하여야 한다. 이러한 관점의 브랜드 포지션 관리를 브랜드 개념-이미지관리(brand concept-image management)라고 부른다.

3) 포지셔닝의 실체

스포츠 제품 포지셔닝에 주로 이용되는 기준은 일반적으로 제품의 속성과 관련된 것들로 제품의 무게, 색깔, 브랜드 등이 있다. 스포츠 제품의 속성을 예로 들면, 로시뇰(Rossignal) 스키용품은 선수용, 일반인용이 있으며, 일반인용은 다시 성인용 어린이용 등으로 구분된다. 위의 기준 이외에도 소비자 혜택, 합리적 가격, 품질 및 사용자의 특성이 이용된다. 이뿐만 아니라 암묵적이거나 명시적으로 경쟁자와의 거리를 두는 것이 또 다른 포지셔닝의 접근방법이다.

4) 포지셔닝 전략 개발

경쟁력 있는 포지셔닝 전략을 개발하기 위해서는 다양한 측면에서 스포츠 시장 및 제품에 대한 이해가 필요하다. 포지셔닝 전략 수립에 앞서 살펴보아야 할 사항은 다음과 같다.

첫째, 관련 제품이나 시장을 결정한다. 특정 제품들은 다양한 시장에서 포지션될 수 있다. 예를 들면 축구의 경우, 국가별 리그 경기, 친선 경기, A매치 경기, 월드컵과 같은 전 세계 규모의 경기 등의 특성에 따라 각 경기에 따른 소비자의 다양한 필요를 만족시킬 수 있다. 그러므로 어떤 시장에 포지셔닝 할 것인지를 결정하기 위해 그 제품을 만족시킬 수 있는 가능한 모든 항목들을 이용해서 목록으로 만들고 이를 바탕으로 스포츠 시장을 선정하도록 한다.

둘째, 경쟁자를 파악한다. 스포츠 용품 업체들은 경쟁 용품 업체를 파악해야 하고, 관중을 필요로 하는 경기는 각 스포츠 경기별 경쟁상대가 될 수 있는 스포츠를 파악해서 이들에 대한 분석을 할 수 있어야 한다.

셋째, 소비자들이 어떻게 대안을 평가하는지 알아야 한다. 스포츠 시장은 많은 제품 및 경기들로 구성되어 있다. 이러한 제품이나 스포츠 중에 소비자는 특정 제품 및 스포츠 유형을 선호하는데, 만약 선호하던 기존 제품이나 경기가 불만족스럽게 되면 다른 제품 및 스포츠 경기를 물색하게 된다. 이러한 경우 소비자들이 대안을 평가할 때 사용하는 항목들을 밝혀낸 기업이 경쟁 우위에 위치하게 된다.

넷째, 경쟁자들이 어떻게 시장을 인지하고 있는지 알아야 한다. 시장은 끊임없는 경쟁 속에 있다. 그렇기 때문에 각 기업은 상대 기업들이 향후 제시할 전략에 대해 민감할 수밖에 없다. 만약 경쟁 기업에 대한 철저한 이해가 없다면 향후 발생될 경쟁 환경에 뒤늦게 행동할 수밖에 없기 때문이다.

다섯째, 포지셔닝 전략을 계획 및 수립한다. 시장 내에 의도한 대로 포지셔닝될 수 있도록 마케팅 프로그램을 디자인해서 실행하는 것이 무엇보다 중요하다. 그런 점에서 촉진 캠페인이 포지셔닝 전략의 중심이 된다.

여섯째, 포지션 위치를 관찰한다. 계획한 마케팅 프로그램 및 포지셔닝 전략에 따라 소비자에게 스포츠 제품의 위치화를 한 후에는 계속적으로 위치화 전략이 잘 수행되고 있는지 관찰해야 한다. 만약 소비자에게 제대로 포지셔닝 되지 않았다면 기업은 새로운 자극을 주어 기존에 계획했던 대로 제품의 포지셔닝을 가능하게 해야 한다. 또한 포지셔닝에 성공한 경우라도 꾸준한 유지 및 관리가 필요하다.

제5장. 스포츠 소비자 행동

1. 스포츠 소비자 의사결정과정

　소비자는 제품 존재 여부에 대한 인식 후 제품에 대한 고려가 일어난다. 그 후 제품에 대한 선호 형성 후 구매를 한다.
　스포츠 소비자들은 어떤 제품이나 프로그램에 대한 욕구를 갖게 되는 시점에서부터 그 욕구를 충족시키기 위해 정보를 탐색하고 구입하는 과정에 이르기까지 여러 단계를 거치게 된다. 즉, 문제의 인식, 정보탐색, 선택대안에 대한 평가와 선택, 구매, 구매 후 행동의 단계를 밟는다(Hawkins, Best, & Coney, 1992). 물론, 모든 스포츠 제품이나 프로그램에 대해 이러한 단계를 똑같이 거치는 것은 아니다. 예를 들어, 특정 스포츠가 자신에게 중요하다든지 구매에 위험 부담이 크다든지 하여 소비자들이 구매의사결정을 신중히 고려하는 고관여의 경우에는 그렇겠지만 저관여인 경우에는 의사결정과정에 있어 구매 욕구를 인식한 후 단순한 정보탐색이나 대안들에 대한 평가를 거쳐 구매를 결정할 수도 있을 것이다.

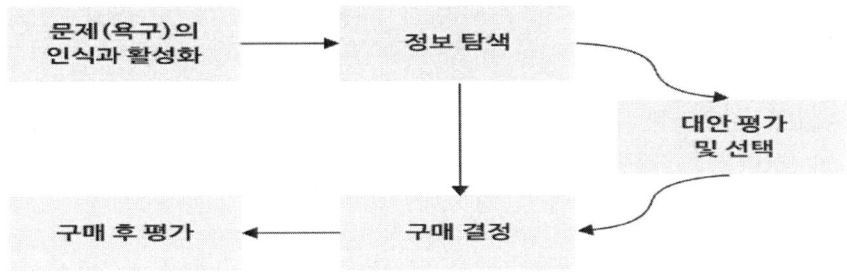

stanton(1981)의 구매의사 결정 모델

1) 문제인식(problem recognition)

　의사결정과정의 최초 단계인 문제인식은 소비자가 내적 혹은 외적 상황에서 발생하는 정보를 처리함에 있어 문제나 욕구를 인식하게 되어 문제해결을 위한 동기가 생긴다는 것이다. 소비자들의 욕구는 제품으로부터 기능적 혜택을 구하고자 하는 실용적 욕구와 자기표현의 상징적 혹은 쾌락적 혜택을 추구하는 경험적 욕구로 구분할 수 있다. 스포츠와 같이 소비자들의 감정이나 즐거움을 이끌어내는 서비스의 경우에는, 소비자들이 단순한 구매만을 위해 의사결정과정을 밟는 것이 아니라 감정적이며 상징적인 소비욕구 경험을 하게 된다는 것이다. 따라서 스포츠 제품을 통해 소비자들이 얻고자 하는 것이 무엇이며, 일반제품과 달리 어떤 정보처리 과정을 거치는 가를 이해하여 적절한 방법으로 정보를 제공해야 할 것이다.

2) 정보탐색(information search)

　정보탐색 활동은 욕구를 충족시키기 위해 정보를 수집하고자 행해지는 것이다. 정보탐색에 있어 스포츠소비자들은 일반적으로 제품이나 프로그램의 속성에 관한 일반적이거나 특수한 자료, 대체적 제품이나 프로그램의 존재 여부 및 장단점, 가격, 유통 및 시설 등에 관한 정보를 구하게 된다. 제품이나 프로그램에 관한 정보는 내적 탐색과 외적 탐색에 의해 이루어진다. 소비자들의 정보탐색은 기억 속에 있는 정보들로부터 시작이 되는데, 바로 내적 탐색이 경험으로 축적되거나 기억 속에 있는 사전 정보를 회상해내는 정신적 활동이라 할 수 있다. 소비자들이 기억이나 이미 가지고 있는 정보에 만족하지 못할 경우에 외부적 정보를 탐색하게 된다. 외적 탐색은 개인의 기억정보가 아닌 전문가, 친구, 기존고객, 잡지, 안내지 등의 새로운 정보 원천에서 정보를 획득하는 것을 의미한다. 스포츠마케터는 정보를 제공하는 데 있어 소비자들이 용이하게 정보를 탐색할 수 있도록 샘플을 제시하거나, 실제로 참가자가 사용하거나 무료로 참가할 수 있도록 하여 부담 없이 시험해 볼 수 있는 기회를 부여하는 것도 좋은 방법일 것이다.

3) 선택 대안 평가 및 선택 (alternative evaluation and selection)

　스포츠 소비자들은 내적 탐색 혹은 외적 탐색을 통해 선택대안들을 평가하는데, 제품 속성에 있어 중요하다고 생각하는 평가 기준뿐만 아니라 자신의 가치관이나 신념 등에 근거하여 비교하고 평가한다. 평가 기준은 각각의 중요성에 있어 상이하다고 할 수 있다. 예컨대, 어떤 소비자는 스포츠화를 구매할 때 가격, 패션, 충격 흡수성, 상표 등을 중요한 평가기준으로 고려하더라도, 이 중에서 상표를 결정적 평가기준으로 고려할 수 있다는 것이다. 가장 중요한 평가기준이라 해서 반드시 결정적 평가기준이 되지 않을 수도 있다. 만약, 상표를 가장 중요시한다고 해도 나이키, 리복, 아디다스, 프로스펙스 간의 상표에 있어 차이가 거의 없다고 인식하면 다른 평가기준을 결정적 평가기준으로 이용하게 될 것이다. 물론, 소비자들은 자신의 정보처리 능력의 한계 내에서 합리화 시켜 자신이 받아들일 수 있는 정도의 대안을 선택하는 것으로 만족하게 된다는 것이다. 스포츠 마케터는 목표시장 소비자들이 어떤 방법으로 특정 스포츠 제품을 평가하는지 파악해야 한다. 또한, 소비자들은 한 가지 평가방법을 고수하기 보다는 제품이나 서비스에 따라 혹은 상황에 따라 여러 가지 평가방법을 조합하여 사용할 수 있어야 한다.

4) 구매(purchase)

　소비자는 제품이나 프로그램의 대안들을 비교하고 평가한 후 특정 제품이나 프로그램을 구매하기로 경정하고 실제 구매과정으로 들어간다. 소비자는 과거 구매경험, 외적 정보, 관여도 등에 따라서 다양한 구매 행동을 보일 것이다. 물론, 소비자가 정보탐색 및 평가를 통해 특정 제품이나 프로그램을 선택했다 하더라도 주변 상황에 의해 구매의도가 사라지거나 다른 제품이나 프로그램의 구매로 선회할 수도 있다. 이러한 결과는 시설 내 자극, 자금부족, 친구나 가족의 권유와 같은 사교적 요인, 소비자의 기분상태, 욕구의 변화 등에 의해 발생할 수 있을 것이다. 특히, 고관여 상황에서는 당연히 소비자의 정보탐색 시간이나 노력을 많이 투자하며 구매에 신중을 기하는 경향이 있다.

저관여 상황의 구매에는 다양성 추구구매, 충동구매, 그리고 관성적 구매로 구분하여 설명할 수 있다.

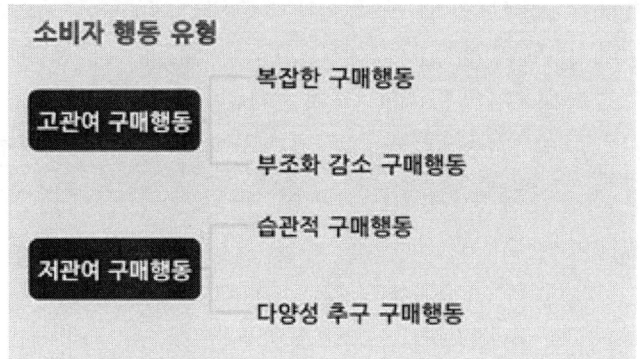

(1) **다양성 추구 구매**: 다양성 추구 구매는 인간이 항상 적정 수준의 자극 혹은 각성을 유지 혹은 지향한다는 최저자극화이론(Optimal arousal theory)에 의해 설명될 수 있다. 즉, 소비자가 특정 스포츠 제품에 싫증이 나거나 단지 새로운 것을 추구하려는 의도에서 다른 제품이나 프로그램으로 전환하는 구매행동을 다양성 추구 구매라고 한다. 예를 들어 어떤 볼링 회원이 볼링에 지루함을 느끼고 새로운 경험을 하기 위해 수영회원권을 구매하는 것은 다양성 추구 구매에 해당한다.

(2) **충동구매**: 제품이나 프로그램에 대한 강한 호의적인 감정이 발생하는 순간 즉각적으로 구매하는 행동이다. 스포츠 서비스와 같이 사교적 촉진(social facilitation)이 스포츠 참여에 결정적인 영향을 미치는 경우에 충동구매를 자극한다.

(3) **관성적 구매**: 관성적 구매는 특정 제품이나 프로그램에 대한 호의적 혹은 심리적 애착에 의한 반복구매가 아니라 복잡한 의사결정을 피하기 위해 친숙한 제품을 반복 구매하는 소비자 행동이다. 유명 스포츠 선수를 광고모델로 내세울 때 소비자들의 광고평가나 제품의 신뢰도에 높은 설명력을 나타내는 연구결과를 보아 호의적이거나 친숙한 이미지를 창출하는 스포츠 제품은 관성적 구매를 촉진할 가능성이 높다.

5) 구매 후 행동(post purchase behavior)

소비자들은 특정 제품이나 프로그램을 구매한 후 어떤 행동을 보이는가? 소비자들은 특정 제품이나 프로그램을 재구매 할 때 항상 100% 만족하여 결정을 내리지 않는다. 따라서 소비자들은 자신이 내린 구매결정에 대해 확신이 서지 않거나 불만을 갖게 되는 경우에는 심리적 갈등을 느끼게 되는데, 이러한 심리상태를 인지적 부조화(cognitive dissonance)라 한다. 예컨대, 한 주부가 값비싼 실내 골프 한 달 회원권을 구매한 후, 자신이 너무 사치스러운 여가를 즐기는 것이 아닌지에 대한 자책감에 빠지거나, 정말 옳은 구매를 한 것인지에 대한 의구심에 사로잡힐 수도 있다. 이런 상황에서 그 주부는 인지적 부조화를 경험하게 되어 환불을 고려하거나 자신의 구매를 합리화 시키려 긍정적인 정보를 찾으려 할 것이다.

물론 소비자가 구매 후에 만족을 하게 되면 재구매하고자 하는 욕구가 생길 수 있으나, 불만족하는 경우에는 불평행동을 보일 것이다. 불평행동은 이용중지나 다른 제품 이용 등으로 나타날 것이다. 불만족한 소비자가 좋지 않은 입소문을 퍼트린다면 제품의 촉진측면에서 치명적 타격을 입을 것이다. 특히, 제품이나 프로그램에 대한 관여도가 클 때 불평행동은 보다 파괴적으로 나타날 것이다. 따라서 마케팅 관리자는 소비자들이 스포츠제품을 구매 후에 인지적 부조화를 덜 느끼게 하며, 그들의 구매결정에 확신을 가질 수 있도록 방안을 강구해야 한다. 재구매를 유도하기 위해서는 구매에 대해 감사하는 마음을 편지, 전자우

편, 전화 등을 통해 전하는 세심한 배려가 필요하다.

2. 스포츠 소비자 충성도 개념의 이해

충성도는 영어로 Loyalty라 하며 스포츠 소비자 충성도는 Sports Consumer Loyalty라 한다. 스포츠 재화나 서비스를 구매하고 만족하는 경험을 통해 충성도가 생겨난다. 이는 장기적인 브랜드 이미지 구축과 소비자 만족도 정도에 큰 부분을 차지한다. 충성도의 측정은 고객에게 충성도와 관련한 질문으로 구성된 설문지를 통해 이루어진다.

구매는 행동적인 충성도(behavioral loyalty) 측면에서 설명될 수 있을 것이다. 미국에서 이루어진 대부분의 50년대 상표 충성도에 관한 연구들은 소비자의 심리보다는 구매 행동에 중점을 두었다. Tucker(1964)는 '상표충성도는 그들의 행위에서 모두 드러나므로 소비자들이 무엇을 생각하는지 고려할 필요가 없다.'고 일축하였다. 같은 맥락에서 Brown(1952)은 소비자 행동에 대한 연재기사를 통해 A제품에 대한 재구매 유형을 4가지로 나누어 설명하였다. 연속된 충성도(Undivided loyalty)의 구매순서는 AAAAAA, 분할된 충성도(Divided loyalty)는 ABABAB, 불안정한 충성도(Unstable loyalty)는 AAABBB, 그리고 어느 한 제품에 대한 충성도가 전형 없는 충성도 결여(No loyalty)의 순서는 ABCDEF로 제시하였다. 반면에 Pessemier(1959)는 제품 충성도는 충성적 행동의 유무가 아니라 정도에 따라 경정되는 것임을 주장하였다.

1960년대 후반부터 소비자 행동 연구자들은 소비자의 충성도를 측정하는 데 있어 단순히 행동적인 근거만을 이용하는 데는 문제가 있음을 제기하였다. Day(1969)는 제품 충성도의 양면적 개념을 제시하며, 소비자의 행동적 일관성을 측정하는 것은 가식적 충성도(Squrious loyalty)를 순수한 충성도(True loyalty)로 오판할 수 있음을 경고하였다.

최근 많은 여가 및 스포츠 연구자들은 Day(1969)의 양면적 충성도 개념을 지지하며, 스포츠 활동에 참가하거나 관람하는 사람의 행동을 측정해야 함을 주장하였다. 즉, 특정 제품이나 프로그램에 호의적인 태도를 형성하여 심리적 애착을 갖고 반복 구매하는 것을 순수한 충성도(True loyalty)로 보는 것이다. Backman과 Crompton(1991)은 스포츠 활동 충성도 모형을 제시하며, 스포츠 참가자들을 충성도 유형에 따라 분리하였다. 즉, 참가자의 행동과 심리상태에 따라 낮은, 높은, 잠재적 그리고 가식적 충성도로 나눌 수 있다는 것이다. 이러한 맥락에서, 스포츠 소비자들의 충성도 유형 및 정도에 따른 시장세분화 연구가 활발하게 진행되고 있다.

심리적

	저	고
행동적 저	낮은 충성도	잠재적 충성도
행동적 고	가식적 충성도	높은 충성도

backman & crompton(1991)의 스포츠 충성도 모형

가식적 충성도는 높은 참가율이나 관람률을 보이지만 심리적 애착이 약한 상태를 의미한다. 잠재적 충성도란 강한 심리적 애착을 갖지만 제약 요인 등으로 인해 낮은 참가율을 보이는 상태이다. 낮은 충성도는 심리적 애착도 약할 뿐 아니라 참가율도 낮은 스포츠 소비자의 특성을 의미한다. 어떤 스포츠 프로그램에 가식적인 충성도를 보이는 참가자는 경쟁 프로그램의 가격이 낮추어지거나 선호하는 편익이 제공되면 주저 없이 프로그램 이용을 바꿀 가능성이 높다고 보고하였다.

스포츠 소비자의 만족도를 높여, 결국 충성도를 증진시킬 수 있을 때 성공적인 마케팅을 수행했다고 할 수 있을 것이다. Backman 과 Crompton(1991)은 레크리에이션 프로그램이나 활동에 대한 충성도가 진정한 조직의 성공 척도가 된다고 주장하였다. 같은 맥락에서, Raj(1985)는 시장점유율을 고객의 수가 아니라 충성도가 높은 고객의 비율로 결

정해야 한다고 강조하였다. 다시 말해서, 주로 가식적인 고객을 보유한 스포츠 조직은 강력한 경쟁업체나 대안 프로그램이 나타나면 고객을 모두 빼앗길 가능성이 높다는 것이다. Rosenberg와 Czepiel(1983)은 한 명의 새로운 소비자를 유지하는 것이 한 명의 기존 소비자를 유지하는 것보다도 6배 이상의 경비가 소요된다고 제시하였다.

3. 관여도

관여도는 영어로 Engagement라 하며 스포츠 컨텐츠에 대한 팬의 관여도는 Fan Engagement라 한다. 또한 스포츠 브랜드에 대한 관여도는 고객의 취향을 고려하여 개인화된 제품 만족 경험을 최대화할 수 있도록 시장조사를 통한 다양한 소비자 의견을 반영하여 스포츠 마케팅이 이루어져야 한다. 관여도의 측정은 고객에게 관여도와 관련한 질문으로 구성된 설문지를 통해 이루어진다.

스포츠프로그램의 성공은 소비자 만족에 달려 있으며, 스포츠 소비자들의 욕구와 관심을 정확히 예측하여 충족시켜 줄 때 만족하게 된다. 이를 위해서는 시장을 세분할 필요가 있으며, 관여도는 시장을 심리적 측면에서 세분할 수 있는 변수로 이용하여 마케팅 전략을 수립하는데 이용될 수 있을 것이다. 물론, 프로그램의 특성과 참가자들의 인구통계학적인 차이 등에 따른 변수도 작용하겠지만, 상이한 관여도를 나타내는 세분집단에 따라 마케팅 전략을 세워야 한다는 것이다.

사회심리학자인 sherif와 Cantril(1947)은 관여도 개념을 처음 소개하며, 자극이 되는 상황이 자아와 관련될 때 관여도가 높아진다고 주장하였다. SHERIF, cANRTIL과 Nebergall(1965)은 수용, 거절, 그리고 무관심의 허용범위 정도에 따라 소비자의 관여도를 분석하는 방법을 제시하였다. 예를 들면, 특정한 사물이나 서비스에 대한 넓은 수용 범위는 낮은 관여도를 의미하며, 거절의 범위가 넓다는 것은 높은 관여도를 의미하는 것이다.

Krugman(1964)이 관여도와 텔레비전 광고와의 상관관계를 연구한 것을 필두로, 관여도 개념은 소비자 행동 분야에서 폭넓고 깊이 있게 다루어져 왔다. Krugman(1965)은 관여도를 자극과 삶 사이에 존재하는 의식적인 연결임을 강조하며, 텔레비전 시청자가 1분마다 자극과 자신의 삶의 관계에서 의식적인 연결 경험을 갖게 되는 횟수라고 정의하였다. Krugman(1964)은 어떤 제품에 높은 관여도를 갖는 시청자는 구매하기 전에 제품에 대한 태도가 형성되고 반대로 낮은 관여도를 나타내는 시청자는 제품에 대한 태도를 갖기 전에 제품을 구매하는 행동이 우선된다고 제시하였다. 관여도의 정도에 따라 소비자의 태도와 행동이 상이하게 나타나게 되므로 마케팅 전략을 이에 상응하게 수립하여야 된다는 것이다.

Rothechild(1984)는 관여도를 "특별한 상황에 의해 나타나는 보이지 않는 동기, 자극 혹은 관심의 상태"라고 정의함에 따라, 관여도의 높고 낮음이 소비자의 정보처리, 탐색, 그리고 구매결정과정에 영향을 끼침을 제시하였다. Robertson(1976)도 관여도가 높은 소비자는 낮은 소비자보다 정보를 적극적으로 찾으며 구매결정과정도 복잡하다고 제시하였다. 많은 연구결과에 따르면, 높은 관여도를 나타내는 소비자는 자세하게 설득하는 방법으로 태도를 변화시키고, 낮은 관여도를 보이는 소비자에게는 단순한 반복과정을 통해 친숙함을 유도하는 촉진방법이 적절하다는 것이다.

같은 맥락에서, Hansen(1981)은 뇌기능의 작용은 소비자의 관여도에 따라 영향을 받는다고 보고하였다. 높은 관여도를 갖은 상황에서 좌측 뇌의 지배를 주로 받아 복잡한 정보작용이 이루어지고, 낮은 관여도를 갖는 상황에서는 정보를 편하게 받아들이며 복잡한 생각 없이 제품을 구매한다는 것이다. 물론, 제품의 특성이나 상황에 따라 달라질 수도 있겠지만, 낮은 관여도를 보이는 소비자의 태도를 바꾸려고 한다면 유명하고 매력적인 연예인을 통한 텔레비전이나 라디오 광고가, 높은 관여도를 갖는 상황에서는 제품이나 서비스와 직결된 편익이나 기능을 자세하게 설명해 줄 수 있는 신문이나 잡지 등의 인쇄매체의 활용을 통한 촉진이 효과적임을 의미한다.

스포츠 제품을 구매할 때 소비자의 관여도 수준에 따라 구매결정과정의 복잡성이 달라진다. 특정 스포츠 제품을 처음 구입할 때, 고관여의 경우에는 비교적 복잡한 의사결정과정을 거치는데 반면에, 반복적으로 구매할 경우에는 고관여 상황에서도 이미 많은 정보를 갖고 있으므로, 비교적 단순한 의사결정과정을 밟을 수 있을 것이다. 저관여의 상황에서는 충동적으로 구매를 하거나 새로운 자극을 추구하기 위해 단순한 의사결정과정을 거칠 것이다. 저관여 제품에 대해 반복 구매하는 것은 관성적 구매라 할 수 있겠다.

여가 및 스포츠와 관련된 관여도에 관한 연구는 주로 미국에서 이루어졌으며, 이러한 연구는 주로 개념 정립과 측정도구 개발을 통해 마케팅 믹스를 개발하고 실행하는 데 초점을 두었다. 관여도 개념은 참여 스포츠뿐만 아니라 관람스포츠 등의 다양한 스포츠 활동 연구에 적용되었다.

어떤 스포츠 프로그램에 높은 관여도를 나타내는 소비자들이 높은 충성도를 나타내는 경향이 있으므로, 관여도에 관한 연구는 소비자들의 충성도를 높이기 위한 마케팅 전략수립에 유용하게 사용될 수 있으리라 본다. Selin(1987)은 변인간의 인과관계를 밝히는 데 적절한 공변량 구조분석 통계방법을 이용하여 스포츠 서비스에 대한 충성도에 관한 연구를 실시한 결과, 스포츠 소비자들이 갖는 스포츠 제품 혹은 서비스에 대한 구매 관여도는 정보탐색과 충성도에 긍정적인 영향을 끼친다고 보고하였다. park(1996)은 관여도는 스포츠 소비자들이 프로그램을 단기간에 구매하는 것을 예측하는 데 도움이 되는 반면에, 심리적 충성도는 장기간 프로그램을 구매하는 것과 관련이 있음을 제시하였다.

마케팅 전략의 개발은 관여도를 다원적으로 개념화할 때 효과적으로 이루어질 수 있을 것이다. Laurent와 Kapferer(1985)는 관여도를 높고 낮음에 따라 단순하게 구분할 경우에는 소비자의 구체적인 심리상태를 이해할 수 없으므로 관여도의 다원적 측면을 모두 측정하여야 함을 제시하였다. 즉, 스포츠 소비자의 행동은 각각 다른 관여도 측면에 영향을 받으므로 소비자들의 행동을 예측하려면 관여도의 모든 요소를 동시에 고려해야 한다는 것이다.

물론, 서비스 종류와 소비자의 특성에 따라 관여도의 어떤 측면은 높은 반면에 다른 측면은 낮은 양상을 보일 수 있으므로, 스포츠나 소비자의 특성에 따라 관여도 프로파일의 특정 요소만을 측정하여 마케팅 전략 개발에 활용할 수 있겠다. 관여도 프로파일 요소에 대한 학자들 간의 의견은 일치하고 있지 않으나 일반적으로 중요성과 즐거움의 인지, 생활방식의 중심성, 위험성의 인지, 자기표현요소가 포함되어 연구되어져 왔다.

최근에 많은 여가 및 스포츠학자들은 여가활동 참여의 관여도에 관하여 구성타당도를 검증하기 위해 요인분석을 실시한 결과 중요성과 즐거움의 인지가 같은 요소로 분유되는 양상을 발견하였다. 즉, 즐거움과 중요성의 인지는 스포츠 참가자의 관여도 측정 시에 하나의 요소로 간주될 수 있음을 의미한다. 중요성과 즐거움 인지에 높은 반응을 나타내는 집단에는 프로그램에 참여함으로써 긍정적이고 중요한 효과가 있다는 것을 인지시키고 즐거움을 경험할 수 있도록 프로그램 개방을 해야 할 것이다.

holbrook와 hirschman(1982)이 주장한 바와 같이 소비자의 여가활동은 경험적 소비에 해당함으로 스포츠 소비자의 스포츠 제품 구매와 재구매는 즐거움과 상황적 감정에 크게 좌우됨을 알 수 있다. 의학박사 초청 특별 강연이나 인쇄매체를 통해 여가나 스포츠 참여의 중요성을 교육시킬 수도 있겠다. 예컨대, 강압적이며 훈련 위주의 주부 수영교실에 참가하는 주부들은 수영시간 때문에 즐거움보다는 오히려 과도한 스트레스와 피로를 경험할 것이다. 즉, 즐거움을 경험하기 위해 참여한 소비자들에게 지루하고 힘든 프로그램으로 일관한다면, 재구매 의욕을 떨어뜨릴 것이다.

예컨대, 에어로빅댄스 수업에 정리운동을 민속무용으로 한다면, 참가자들 간의 사교 기회와 즐거움을 제공할 수 있을 것이다. 기술 습득을 추구하는 고객들을 위해 단계별 수업이나 테니스나 탁구 등의 경기에서 경쟁의 즐거움을 충족시키고자 소비자들을 위한 능력별 대전을 주선하는 방법도 효과적일 것이다.

심판요원들의 활력 넘치는 경기 판정 몸짓 등으로 게임의 흥미를 더해주는 착상도 관중들의 관여도를 높여줄 수 있는 방법일 것이다. 게임 전, 휴식시간, 게임 후에 축하쇼나 응원전 등의 다채로운 행사를 통해 즐거움을 더해줄 수도 있겠다. 여가 및 스포츠 산업에서는 심미적 경험과 감정에 의해 크게 좌우되는 경험적 소비가 이루어지므로 즐거움을 만끽할 수 있는 프로그램을 제공하는 것이 중요하다는 것이다.

생활방식의 중심성(centrality to lifestyle)이란, 스포츠 참가자들의 생활방식이 스포츠 참가에 의해 얼마나 영향을 받으며, 다른 생활과 비교하여 스포츠 참여에 비중을 두는 심리적인 수준을 의미한다. 생활 방식의 중심성 측면에 높은 관여도를 나타내는 소비자는 정보탐색에 적극적이며 구매결정에 있어 신중할 것이라는 것이다. Bryan(1977)이 제시한 레크리에이션 전문화 이론에 따르면, 특정 스포츠 활동에 전문화가 될수록 그 활동이 삶에 있어서 중심적 역할을 하게 된다는 의미를 내포하고 있다.

생활방식의 중심성을 높이기 위해서는 특정 스포츠 활동이 삶의 중심적인 역할을 할 수 있도록 기회를 제공하는 전략이 중요하리라 본다. 생활양상이 다른 소비자들의 참여를 증진시키기 위해 프로그램이나 경기 시간대의 조정이 필요하다. 예를 들면, 직장인을 위해 이른 새벽, 늦은 저녁 및 점심시간 등에 프로그램을 제공함으로써 교통문제와 업무의 방해를 막을 수 있으며, 가정주부를 위해 가사에 지장을 주지 않는 시간대의 배정이 필요하겠다. 특히, 아기의 양육문제 때문에 참가가 힘든 주부들에게 놀이방 시설을 제공하는 것도 주부들의 생활방식의 중심성을 높이는 방법이라 하겠다. 이러한 전략을 통해 생활방식의 중심성이 내적으로 생활화될 수 있도록 스포츠 마케터는 연구해야 한다.

관중들의 생활방식의 중심성을 높이기 위해서는 규칙적인 요일과 시간의 배정 및 교통편의 등에 대한 문제를 신중히 검토하여야 하리라 본다. 또한, 어떤 스포츠 프로그램에 대한 생활방식의 중심성이 높아지게 하기 위해서는 참여율의 증가와 기량의 발전 정도에 따라 참가자에게 기념품을 증정하거나, 정해진 빈도의 참가를 했을 때는 참가 종목에 관련된 장비나 기구를 선물로 증정하여 생활방식에 중심이 되도록 유도할 수도 있겠다.

Laurent와 Kapferer(1985)는 위험성의 인지를 실수할 가능성에 대한 인지와 잘못 선택한 결과로 파생되는 실패의 인지로 세분화한다. park(1996)의 연구결과에 따르면, 영리 스포츠 시설에 참가하는 소비자들 중 재정적으로 넉넉하지 않은 학생들이 재정적으로 어느 정도 안정되어 있는 일반회원보다도 실패의 인지에 높은 관여도를 나타내었다. 소비자들이 제품을 구매하는 데 있어 갖게 되는 위험성 인지를 줄여주기 위한 촉진전략으로 무료 참가 기회를 제공할 수 있겠다. 즉, 위험성의 인지가 높은 소비자에게는 위험성 인식을 줄여주기 위한 방법으로 무료 수영강습, 무료 이용권 증정, 가격인하 정책 등을 시도할 수 있겠다.

또한, 지역사회를 위한 민속놀이 한마당과 같은 축제를 통하여 지역주민들이 해당 스포츠 시설과 프로그램에 자연스럽게 접할 수 있는 기회를 제공하고, 특정한 기념일을 축하하여 사은품을 제공하며 부담 없는 사용을 유도하는 비가격촉진을 활용하는 방안도 있겠다. 장애인이나 노인과 같은 잠재소비자의 경우에는 시설이나 프로그램에 대한 정보 부족, 기능 부족, 시설낙후, 주위의 편견과 차별 등으로 인해 참가를 기피할 수 있으므로 스포츠마케터는 이러한 인식과 환경을 개선해 줄 수 있는 마케팅 방안을 마련해야겠다. 특히, 이들 집단은 사회로부터 혜택을 적게 받고 있으므로 가격 혜택과 교통에 대한 배려가 있어야겠다. 이에 대한 홍보 전략으로 직접 노인대학이나 복지시설을 방문해서 설명을 해주는 대인 촉진방법이 효과적일 수 있을 것이다. 관람 스포츠의 경우도 마찬가지로 노인이나 장애인들에게 교통과 가격에 대한 혜택뿐만 아니라, 예매를 용이하게 하며, 특별석을 지정하여 편안하게 관람할 수 있도록 배려할 수 있겠다. 이러한 배려는 비영리 시설이든 상업시설이든 스포츠 프로그램이 단순히 이익 창출을 목적으로 하는 것이 아니라 소비자 만족과 감동에 근거한 마케팅이 되어야 함을 뜻하는 것이다.

스포츠는 자기표현을 추구할 수 있는 장이라고 할 수 있을 것이다.

즉, 스포츠 프로그램에 직접 참가하거나 특정 기구를 사용함으로써 자신이 뜻하는 바를 상징적으로 다른 사람들에게 전달할 수 있을 것이다. 예를 들자면, 스쿼시나 골프 클럽에 어울리며 자신의 부와 건강을 직접적으로 과시할 수 있다는 것이다. 특정 스포츠를 통해 자신을 표현하기 원하는 소비자들에게는 그들이 원하는 자기표현의 기회를 증진시켜줌으로써 관여도를 높여줄 수 있겠다. 자신의 운동하는 모습을 볼 수 있도록 주위공간을 거울로 장식하거나, 자신이 운동하는 모습을 거리의 사람들이 볼 수 있도록 벽을 유리로 만들어 운동을 즐기며 표현의 욕구를 분출할 수 있도록 시설이나 실내 장식에 변화를 줄 수 있을 것이다. 어머니 에어로빅댄스 발표회나 수영대회 등을 개최하여 가족이나 이웃에게 자신의 실력을 표현할 수 있는 장을 마련해 주는 방법도 있을 것이다.

특정 스포츠 조직이나 프로그램의 로고나 상징을 T셔츠, 가방, 그밖의 장신구 등에 새겨 판매함으로써 소비자에게는 표현의 기회를 제공하고 조직에는 프로그램의 홍보와 이익 창출을 동시에 효과적으로 유도할 수 있을 것이다. 특정 스포츠 활동, 구단, 선수를 선호함으로써 자신의 이미지를 나타내며 간접적으로 연관을 시키고 싶어 하는 소비자들을 위해 팬 사인회, 팬을 위한 음악회, 구단과 관련된 스포츠 캠프 등을 개발할 수 있겠다.

단순히 소비자의 행위만 측정하여 마케팅 전략을 수립할 경우에는 backman & crompton(1991)이 제시한 바와 같이 프로그램에 대한 소비자의 심리적 측면을 이해 못 해 마케팅 전략에 오류를 범할 가능성이 높다. 높은 빈도로 스포츠 프로그램에 참가하거나 관람하지만 낮은 심리적 애착을 갖는 소비자는 제약변수에 민감하여 가격변동과 같은 외부적인 변화에 따라 쉽게 프로그램 재등록을 하지 않을 여지가 높다. 소비자들의 행위와 심리가 정확하게 측정될 때, 보다 효과적인 마케팅 믹스의 개발과 실행이 가능해질 것이다.

관여도를 활용하여 스포츠 소비자들의 정보탐색과 구매결정을 이해하는 것은 마케팅 전략을 효과적으로 추진하는 면에서도 중요한 의미를 갖는다고 본다. 미국의 여가, 스포츠, 소비자 행도 분야에서 서로 연구되어지고 있는 관여도 프로파일 개념을 우리나라 스포츠 마케팅 연구에 활용하기 위해서는 우리의 사회와 문화의 특수성을 반영하여 신뢰도와 타당도가 높은 관여도 측정도구 개발하여 체계적이며, 과학적인 비교 및 분석을 할 수 있도록 해야 한다. 스포츠 종목과 소비자의 특성에 따른 관여도 프로파일의 비교연구는 개별 스포츠의 특성, 주변 환경, 개인 특성 측면에서 아직도 연구의 여지가 많이 남아 있다고 할 수 있다.

4. 소비자 행동 영향변수

소비자 행동 영향변수에는 인구통계학적 변인과 심리적 변인이 포함된다. 인구통계학적 변인에는 나이, 성별, 주거 형태, 수입 등이 포함된다. 심리적 변인에는 여러 사회적 화제에 대한 사견, 종교적 신념, 예술적 취향, 개인의 심리적 특성, 생활양식 등이 포함된다. 이러한 소비자 행동 영향변수를 고려하여 소비자의 심리에 호소할 수 있는 마케팅 전략을 실행하여야 기업 브랜드와 소비자와의 관계 형성을 성공적으로 이룸으로써 마케팅의 목표를 달성할 수 있게 된다.

소비자 행동에 영향을 끼치는 변수를 크게 라이프스타일이나 자아관 같은 개인적 변수와 가족을 포함한 준거집단과 사회문화와 같은 환경적 변수로 분류할 수 있을 것이다. 환경적 변수는 스포츠 마케터가 통제할 수 없는 정치, 문화, 경제, 사회, 기후 등의 통제 불가능한 변수와 가격, 유통, 프로그램 촉진, PR 등 마케팅 믹스를 포함하는 통제 가능한 변수로 나눌 수 있다. 물론, 이러한 변수들은 계속적으로 상호작용하는데, 이러한 관계는 그림을 통해 알 수 있다.

즉, 인간의 행동은 사회문화를 포함한 주변 환경에 영향을 받기도 하지만, 주변 환경에 변화를 줄 수도 있다. 특정한 환경에 처해 있는 소비자가 왜 특정한 스포츠 제품이나 프로그램을 구매하며, 구매 수량과 사용 빈도는 어느 정도인지, 또한 그러한 의사결정과정이 어떻게 진행되는지를 이해하여야 한다. 환경적 변수가 직접적으로 소비자의 구매에 영향을 미치는 것이 아니라, 매개변수라 할 수 있는 개인의 심리적 특성이나 상태에 의해 수정됨을 의미한다. 이러한 측면에서, 스포츠 마케터는 스포츠 소비자의 역동적이며 복잡한 구매행동 변수를 선택하여 소비자 행동을 이해하고 예측하는 데 이용하고 있다.

1) 스포츠 소비행동의 개인적 영향요인

(1) 태도

태도는 일반적으로 특정 대상물에 대해 일정기간에 걸쳐 우호적 혹은 비우호적으로 반응하는 학습된 경향이라 할 수 있다. Pride와 ferrell(1991)은 태도를 "소비자가 특정한 물건이나 활동에 갖는 지식과 긍정적이거나 부정적인 감정"이라고 정의하였다. "나는 삼성라이온즈를 좋아해 라든가", "프로스펙스 TV광고는 호소력이 있어"와 같은 스포츠 소비자의 반응은 일상생활에서 소비자가 갖고 있는 태도를 단적으로 보여주는 것이다. 즉, 태도는 특정 제품이나 프로그램에 대한 소비자 평가를 요약한 것으로 일단 형성되면 변화하기 쉽지 않으며 학습된다고 할 수 있다.

전통적인 태도 모형에 따르면, 태도는 인지적 요소, 감정적 요소, 그리고 행동적 요소로 구성된다는 것이다. 인지적 요소는 특정 제품에 대해 소비자가 가지고 있는 신념이나 지식을 의미한다. "나이키는 비싸다"라는 표현은 태도의 인지적 요소를 나타내는 예이다. 감정적 요소는 "나는 텍사스 레인저스를 좋아한다"와 같이 감정적인 느낌이나 평가를 뜻한다. 행동적 요소는 "나는 리복 농구화를 사려고 한다"와 같이 특정한 속성이나 전체 제품에 대한 행동의도를 나타낸다. 이렇듯 태도는 소비자들의 구매행동에 양상을 예측하는 데 도움이 되지만, 직접 관찰될 수 없으므로 적절한 측정방법을 이용하여 추론해야 하는 어려움이 따른다.

긍정적이거나 우호적인 소비자의 태도는 제품이나 프로그램 구매에 결정적인 영향을 미칠 것을 본다. 즉, 특정프로그램에 대한 태도가 긍정적으로 변화된 소비자들은 참가 가능성이 높지만, 부정적으로 변화된 소비자들은 참가 가능성이 낮다. 골프 클럽 내장객을 대상으로 한 연구에서, 최원호(1999)는 골프에 대한 태도가 골프 연습장에서 연습하는 시간에 큰 영향을 미친다고 보고 하였다. 이러한 측면에서 스포츠 마케터는 촉진활동을 통해 자사의 제품이나 프로그램에 대한 태도를 긍정적으로 변화시키려고 노력해야 한다.

물론 항상 우호적이거나 긍정적인 태도가 소비자의 구매행동으로 이어진다고 할 수는 없을 것이다. 어떤 사람이 특정 프로팀을 열광적으로 좋아한다고 해서 항상 게임을 관람하지는 않을 것이다. 그럼에도 불구하고 스포츠마케터는 소비자의 태도를 변화시키는 노력뿐 아니라, 변화된 태도가 행동으로 이어질 수 있도록 마케팅 전략을 개발해야 한다. 예컨대, 태권도장의 어린이 회원 모집을 하는 방법으로, 부모들에게 태권도가 어린이의 정서 및 신체 발달에 긍정적인 영향을 미친다는 교육을 통해 태도 변화를 꾀할 수 있을 것이다.

(2) 동기

스포츠 소비자의 스포츠 참가 혹은 관전 동기는 복잡하고 다양하다. 스포츠 소비자의 참가 혹은 관전 욕구가 높아지면, 이를 충족시키기 위해 프로그램이나 제품을 탐색하고 구매 행동을 보이게 된다. 주관적인 욕구를 동기(motives)라 하고, 동기가 활성화하여 긴장을 유발하는 과정을 동기부여(motivation)라 할 수 있다. 즉, 동기는 소비자로 하여금 어떤 목적을 향하여 특정한 행동을 취하도록 유도하는 상태이며, 특정한 반응에 구체적인 방향을 제시하는 내적 요인으로 볼 수 있을 것이다. 또한, 소비자의 구매동기는 단순히 심리뿐만 아니라 사회문화적인 요인 등에 의해서도 영향을 받음을 간과해서는 안 될 것이다. 따라서 특정한 동기가 항상 동일한 장소나 상황에서 소비자에게 똑같은 행동을 자극한다고 할 수 없으며, 스포츠 소비에 있어 다양한 동기가 복합적으로 나타날 수도 있다.

생활체육 프로그램에 참가하는 사람들의 참가 동기는 상황이나 개인의 특성 등에 따라 건강, 미용, 즐거움, 성취감, 사교, 기술 습득 등 다양하므로, 참가자의 상이한 욕구를 충족시켜 줄 수 있는 프로그램을 개발하여야 할 것이다. Laverie(1998)는 에어로빅스에 참가하는 성인을 대상으로 실시한 연구에서, 참가자들은 단순히 신체적인 건강뿐 아니라 사회연결망이나 과시적인 사회적 비교를 추구함이 나타났다. 최재원(1997)은 청소년들의 여가 참가 동기에 관한 요인분석을 통해 성취 및 승인, 심리적 이득, 건강 및 체력, 즐거움, 신체조형, 그리고 여가선용의 7가지 요인을 추출하였다. Shoham, Rose, Kropp 그리고 Kahle(1997)은 미국의 젊은 여성층(18세~29세)을 대상으로 스포츠 소비행태를 연구하였다. 이러한 여성층은 다른 여성보다도 스포츠 참여에 있어 흥분이나 즐거움을 추구하며 의견 선도자가 된다는 결과를 보고하였다.

관람스포츠 소비자의 관전동기 역시 다양하다는 것을 마케터는 인식하여야 한다. Kahle, Kambara 그리고 Rose(1996)는 스포츠 소비자들은 대학 미식축구를 관전하게 되는 주된 동기로 자기표현의 기회, 동료애 경험, 게임 자체를 좋아함을 보고하였다. 김종(1996)은 우리나라 프로야구 관중들의 관전 동기에 관한 연구에서, 관중들은 특히 야구경기 자체를 즐기거나 여가 선용을 목적으로 경기장을 찾게 됨을 밝히고, 이를 위해 경기 전과 후에 흥미를 유발시킬 수 있는 확장 프로그램의 개발을 강조하였다. Hansen과 Gauthier(1994)는 PGA프로골프 갤러리들의 관전 동기에 대한 연구에서, 남성은 골프 기능 학습에 동기부여 되는 반면에 여성은 관전의 유희적인 요인에 매료됨을 보고하였다.

(3) 자아관

자아관(Self-concept) 혹은 자아이미지(self-image)는 개인의 인성과 행동에 결정적인 영향을 미치는 요인이다. 보다 구체적으로, 자아는 객관적인 자아, 자신이 갖고 있는 자아, 남들이 생각하고 있는 자아, 그리고 이상적으로 생각하는 자아로 구분할 수 있을 것이다. 따라서 모든 사람은 자기 자신에 대한 인식이나 평가를 하게 되며, 이러한 자아관은 스포츠 소비자들의 소비행동에 영향을 준다는 것이다. 스포츠 소비자는 여러 제품이나 프로그램 대안들 중 자신의 자아관과 일치하거나 자신이 이상으로 하는 이성적인 자아를 나타내기 위한 소비행동을 보일 수도 있을 것이다. 예컨대, 프로농구를 혼자서 관람한다면 일반석의 값싼 입장표를 구입하지만, 애인과 함께 간다면 이상적인 자아이미지를 구축하기 위해 값비싼 특별석의 입장료를 구매할 수도 있을 것이다.

여러 가지 다양한 스포츠나 운동은 각각의 특성에 따라 독특한 이미지를 가지고 있는데 스포츠 소비자들은 그러한 활동이나 제품 중에서 자신이 추구하는 혹은 가장 잘 어울리는 이미지를 선택할 것이다. 같은 맥락에서 소비자들은 자신의 이상적인 이미지와 일치된다고 생각하여 어떤 제품이나 프로그램을 선택했을 경우, 그들이 그러한 이미지를 유지시키고 싶어 하는 한 그 제품을 계속 사용할 것이다. 심지어, 어떤 사람은 재정적인 어려움이나 신경통을 겪고 있음에도 불구하고, 자신의 이상적인 자아관을 만족시키기 위해 골프 라운딩을 계속 할 수도 있겠다.

반대로, 자아관은 스포츠 소비자의 제품선택에 있어 부정적으로도 영향을 미칠 수 있음을 알아야 한다. 자아관은 자신의 신체적인 특징이나 운동수행능력과도 밀접한 관계가 있다. 예컨대, Frederick과 Shaw(1995)는 자신에 대한 부정적인 신체이미지는 에어로빅 용품을 착용하거나 남들과 외모를 비교하는 측면에서 에어로빅스 참가에 즐거움을 감소시켜, 결국 제약 요인으로 작용할 수 있음을 제시하였다.

우리나라의 많은 헬스장은 세계적인 보디빌더의 사진으로 실내외 장식을 해 놓았다. 과연 헬스장을 찾는 몇 명의 소비자들이 그러한 근육질을 원할까? 즉, 소비자가 원하는 자아 이미지가 아닌 촉진전략을 사용하고 있지는 않은지 헬스장 경영자는 재검토해야 한다. 스포츠 마케터는 시장을 유사한 자아관을 갖는 소비자들로 세분화할 수 있으며, 만약 스포츠 소비자들이 추구하는 독특한 자아관과 일치하는 이미지를 갖는 제품이나 프로그램이 존재하지 않는다면 이에 부응하는 신제품을 개발할 필요가 있을 것이다.

(4) 학습

스포츠 소비자의 행동은 대부분 본능적인 반응이라기보다는 과거 경험이나 사고에 의해 학습된 결과로 볼 수 있다. 학습은 직접적인 경험뿐 아니라 광고, 홍보, 구전 혹은 통찰력에 의해서도 이루어진다. 즉, 소비자는 제품을 직접 경험하거나 외부정보에 의해 기존의 태도나 신념을 바꿀 수 있는데, 이처럼 다양한 정보에 의해 신념이나 태도가 바뀌어 가는 과정을 학습이라 한다. Zhang, Smith와 Pease(1996)는 하키에 대한 지식은 하키 게임 관전에 긍정적인 영향을 미침을 보고하며, 프로하키 관중들에게 하키에 대한 이해를 높이는 것이 관중유입을 증가시킬 수 있는 중요한 마케팅 전략임을 제시하였다.

소비자의 학습과정을 설명하는 데는 인지적 학습(cognitive learning)과 행동주의적 학습(behavioristic learning) 접근이 적용된다. 행동주의적 학습은 자극과 반응의 관계에 의해 일어나는 학습을 의미하며, 인지적 학습은 소비자의 사고에 의해 이루어지는 학습을 뜻한다.
한 소비자가 어떤 프로그램에 높은 관여도를 갖게 될 때 정보탐색 및 처리 과정에서 인지적 노력을 투자하는 과정에서 얻는 학습을 인지적 학습이라 한다.

일반 제품을 구매하는 과정에 있어, 소비자들은 먼저 제품에 대한 인지적 학습(cognitive learning)을 한 후 좋은 감정(affective attachment)을 갖게 되어 구매행동(purchasing)으로 이어진다고 한다. 즉 학습하고 (learn), 느끼고(feel), 구매하는(do) 과정을 밟는다는 것이다. 하지만, mullin et al.(1993)은 스포츠 프로그램이나 서비스는 감정에 호소하여 행동적으로 유도한 후 학습하도록 하는 전략이 효과적일 수 있음을 강조하였다(feel-do-learn).

(5) 라이프스타일

라이프스타일(lifestyle)은 구체적인 행동에 상징적으로 나타나는 것으로서, 가치와 태도를 포함하는 복합적인 개념으로 받아들여지고 있다.

스포츠 소비자를 세분하는 데는 손쉽게 계량화하고 분류할 수 있어 인구통계학적 변수가 널리 이용되기는 하지만 소비자를 구체적으로 파악하며 현실적인 정보를 제시하는 데에 충분하지 않다. 즉, 똑같은 학력, 나이, 수입, 직업 등을 나타내면서도 심리적인 양상은 전혀 달라 스포츠 제품구매행동은 전혀 다르게 나타날 수 있다. 스포츠 마케팅에서 라이프스타일 분석은 전체적인 사회의 행동양식을 나타내주며, 전체시장을 세분하고 표적시장의 마케팅 전략에 대해 많은 지침을 제공해 준다.

사실상, 라이프스타일을 계량화시킨 것이 심리묘사적 접근이라 할 수 있으며, 심리를 묘사하는 데는 일반적으로 소비자의 행동, 관심, 그리고 의견에 중점을 두게 된다. 라이프스타일은 복합적인 개념이므로 소비자의 행동, 관심, 그리고 의견에 중점을 두게 된다. 라이프스타일은 복합적인 개념이므로 측정하기 용이하지는 않지만, 최근 가장 널리 이용되는 측정방법은 aio(active, interest, opinion) 조사이다. 스포츠 소비자들의 라이프스타일은 그들이 어떻게 시간을 보내며(활동), 무엇에 관심을 두며(관심), 그들 자신뿐 아니라 세상사를 어떻게 생각하고 있는가(의견)를 보여준다. 라이프스타일은 개개인의 독특한 삶의 양식이며 소비행동에 영향을 미치는 요인으로 작용한다.

오늘날 많은 스포츠 제품들은 "라이프스타일제품"이라 할 수 있으므로, 마케터는 자사 제품의 독특한 이미지와 그들의 라이프스타일을 연결시키는 전략이 필요하다고 본다. 예컨대, 쓰바루(subaru)라는 일본의 자동차 회사는 1970년대 초 미국시장에 진입할 당시에는 거의 알려지지 않았다. 미국 스키팀의 공식 승용차로 지정되면서부터, 스바루사는 스키를 타는 사람들의 라이프스타일과 스바루사 자동차의 특징과 연결시키는 전략을 개발하였다. 이러한 결과, 최근에도 미국의 눈이 많이 오는 동부지역에서는 스바루의 인기가 높다고 한다.

스포츠 소비자들의 라이프스타일은 시간의 흐름에 따라 변화한다. 교통이 복잡해지고 건강과 여가를 일보다 중요하게 생각하는 사람이 늘어가는 사회에서 스포츠 마케터는 변하는 소비자들의 라이프스타일에 상응하게 마케팅 전략을 구사해야 할 것이다. 인터넷 쇼핑과 홈 쇼

핑이 빠른 속도로 증가하는 점을 감안할 때, 편리성과 빠른 속도를 선호하는 현대인들의 라이프스타일에 부응할 수 있도록 스포츠 제품 개발과 유통 전략 등을 개발해야 한다. 한 스포츠 매장에서 여러 가지 스포츠 제품을 일괄 구매할 수 있는 유통 시스템이 발달하는 이유도 현대인들의 라이프스타일을 반영한다고 할 수 있다. 최근 도심 속에서 24시간 운영되는 피트니스 센터가 번창하는 현상도 현대인의 라이프스타일을 반영한다.

2) 스포츠 소비자 행동의 환경적 요인

스포츠 소비자 행동의 환경적 영향요인은 거시적 요인과 미시적 요인으로 나눌 수가 있다. 거시적 영향요인으로는 사회계층과 문화를 다루며, 미시적 영향요인으로는 준거집단과 가족을 포함하여 설명하려 한다.

(1) 사회계층과 문화

사회계층이란 사회적으로 유사한 위치에 있는 사람들의 집단을 의미한다. 일반적으로 사회계층구조는 직업, 주거지, 소득, 교육의 정도 등에 의해 결정된다고 하는데, 유사한 사회계층에 속한 구성원끼리는 유사한 소비행태를 보이기 때문에 시장세분화의 중요한 변수로 이용되고 있다. 많은 여가 연구를 통해 사회계층은 여가활동 선호에 많은 영향을 미친다는 연구결과가 보고되었다. West(1984)는 골프, 테니스, 크로스컨트리 그리고 스키 등의 스포츠 활동은 통상적으로 엘리트 집단에 의해서 시작되어 일반인에게 보급되며, 일단 다른 사회계층에 널리 보급되면 그러한 활동이 자신들의 신분을 대변해 주지 못하게 되므로 그만두는 경향이 있음을 제시하였다. 상류계층이 의도적으로 자신들을 상징적으로 표출할 수 있는 스포츠 활동에 중하류계층이 참가하지 못하도록 할 수도 있을 것이다.

Ehrenreich와 Ehrenreich(1979)는 같은 사회계층의 구성원들은 유사한 라이프스타일, 교육배경, 친척관계 연결망, 소비 양상, 작업 습관 등을 보인다고 하였다. 즉, 스포츠를 즐기는 사람들은 교육배경이나 직업, 소득수준, 라이프스타일이 비슷한 계층의 구성원끼리 서로 유대관계를 가지는 성향이 있으며, 같은 사회계층의 구성원들은 활동, 관심, 태도 등에서 동질성을 갖는 경향이 있다는 것이다(Kuentzel & Heberlein, 1997). 또한, 유사한 사회계층에 속한 구성원들은 서로 비슷한 매체에 노출되며, 유사한 제품이나 프로그램을 선호하며, 유사한 구매행동을 보인다는 것이다. 하지만, 사회계층을 구별하거나 어떠한 계층에 어떤 사람이 속하는지 구분하는 데 있어 연구자들 간에도 정확한 기준이 없음은 주지할 사실이다.

문화적 요인은 스포츠 소비자들의 행동에 가장 광범위하고 깊게 영향을 미친다고 할 수 있겠다. 따라서 스포츠 마케터는 소비자의 문화, 하위문화, 그리고 사회계층의 특성 및 중요성을 이해하여야 한다. 문화란 학습을 통해 얻어진 가치관, 신념 혹은 관습의 총합으로써 사회적으로 학습되고 공유되므로, 소비자들이 어떤 상황에서 적절한 행동이나 사고가 무엇인지에 대한 방향을 제공한다. 즉, 한 사회에 속한 인간은 가족을 포함한 주변 사람들에 의한 사회화 과정을 통해 가치관, 욕구, 지각 및 행동 등을 학습한다. 부모나 이웃이 스포츠 활동에 적극적이며 활발하게 참가하는 분위기에서 자란 사람은 스포츠를 적극적으로 즐길 가능성이 높을 것이며, 반대로 비활동적이며 파괴적인 스포츠를 선호하는 가정에서 자란 사람은 당연히 그러한 스포츠 활동에 젖어들 것이다.

개인적 가치는 개개인의 태도와 행동에 큰 영향을 미치는데, 사회 구성원들이 공통적으로 갖게 되는 가치를 문화적 가치라고 한다. 따라서 문화적 가치는 소비자들의 행동규범에 영향을 미치므로, 스포츠 제품이나 프로그램의 소비 역시 문화적 가치에 많은 영향을 받는다고 할 수 있다. 일보다 여가를 중요시하는 문화에서는 스포츠와 관련된 제품이 다양하게 개발될 뿐만 아니라, 수요 역시 증가할 것이다. 이러한 문화적 가치는 시간의 흐름에 따라 변화를 거듭한다. 10년 전만 해도 골프를 곱지 않은 시선으로 바라보던 문화적 가치에서 요즈음 골프가 대중화되는 현상을 보아도 알 수 있다.

문화는 동질성만 있는 것이 아니라 여러 개의 하위문화에 따라 이질성을 띠게 된다. 신세대 문화라 불리는 젊은 연령층의 문화는 기성세대의 문화적 가치와는 완연히 다르다. 물론, 신세대의 전통적 가치관에의 도전과 새로운 삶의 방식은 우리나라에만 국한된 것은 아니다.

정보사회가 되어버린 현대사회에는 인터넷과 통신을 즐기는 n세대가 다른 하위문화를 형성하고 있기도 하며, 386세대 역시 다른 세대와 상이한 가치관이나 행동양식을 갖고 있다. 즉, 하위문화는 상이한 행동양식이나 규범 등을 창조하며, 다른 문화에 대한 반감까지도 촉발시킬 수 있다. 따라서 하위문화의 특성을 고려한 마케팅 전략을 수립할 필요성이 있다.

(2) 가족

가족은 가족 구성원 간의 밀접하고 지속적인 관계 때문에 개인에 대한 집단의 영향중에서 가장 강한 영향을 미칠 가능성이 높다. 가족구성원들은 가족 전체가 소비하는 제품이나 프로그램뿐 아니라 개인이 소비하는 제품의 구매에도 많은 영향을 미친다. 특히, 스포츠마케터는 여러 다양한 제품과 프로그램의 구매에 있어서 남편, 부인, 그리고 자식의 역할과 상대적인 영향력의 정도에 대한 이해가 필요하다. 가족의 구매의사결정에서의 역할과 의사결정의 주도권에 따라 남편 주도권, 부인 주도권, 공동 주도권, 그리고 자율결정주도권 등으로 구분할 수 있을 것이다. 또한, 가족의 생활주기에 따라 각 단계별로 선호하는 제품이나 프로그램이 다르게 나타나므로 시장세분화의 기준으로 사용된다.

스포츠제품이나 프로그램의 구매자와 소비자가 다를 수도 있음을 있지말아야 한다. 가족 구성원들은 의사결정 시 정보를 수집하거나, 의사를 결정하거나, 구매를 담당하거나, 소비를 하는 등의 다양한 역할을 따로따로 수행할 수도 있다는 것이다. 값비싼 스포츠용품이나 프로그램의 경우에 부인과 남편이 공동으로 구매를 결정할 가능성이 높다.

잘못된 결정은 가족 모두에게 영향을 미치게 되기 때문에, 위험성을 높이 지각할 때 위험이나 불확실성을 피하기 위해 공동결정이 이루어진다는 것이다. 따라서 스포츠마케터는 특정한 스포츠 제품이나 프로그램을 구매하는 데 있어 누구의 영향이 더 크게 미치는가를 평가하고, 또한 가족 구성원들이 구매의사결정에 도달하기 위해서 어떻게 상호작용하는지를 결정해야 한다.

아이들의 스포츠 참여 및 관람은 부모의 영향을 많이 받으며, 반대로 부모의 스포츠 소비 역시 자녀들에 의해 영향을 받는다(Green & Chalip, 1997). Howard & Madrigal(1990)은 어린이들이 스포츠 프로그램에 처음 참가등록을 할 때, 일반적으로 부모들이 결정을 하게 된다고 보고하였다. 특히, 부모가 어린이들의 스포츠 참가를 효과적이라고 인식하면 할수록, 부모들이 구매 결정을 하게 됨을 발견하였다. 이러한 측면에서, 어린이들의 스포츠 제품 구매를 촉진시키기 위해 부모들을 교육시켜 태도를 바꾸는 방법을 생각할 수도 있겠다. 반대로, 자녀가 스포츠 프로그램에 참가하도록 차를 태워주며 다니다가 부모도 자녀보다도 더 열성적인 고객으로 바뀔 수도 있음을 참고할 필요가 있다.

(3) 준거집단

hawkins와 그의 동료들은 준거집단을 "개인이 행동하는 데 있어 기준이 되는 가치 혹은 견해를 참고하는 집단이라고 정의하였다. 덧붙여, 그들은 준거집단을 회원여부(membership), 접속의 형태(type of contact), 그리고 끌림(attraction)의 유무에 따라 나누어 질 수 있다고 제시하였다. 집단 구성원에 소속되어 있는지의 여부에 따라 회원집단과(membership) 비회원집단(nonmembership)으로 구분하였다. 특정한 공통 속성을 가진 집단에 개인이 속하는 경우를 회원집단이라고 하며, 속하지 않는 경우를 비회원집단이라 한다. 잦은 개인상호 접촉이 이루어지는 관계를 1차적 집단(primary group)이라 하며, 한정된 접촉이 이루어질 때 2차적 집단(secondary group)이라 한다. 끌림(attraction)의 유무는 개인이 소속되기를 바라거나 인정받기를 원하는 열망 집단과, 특정 집단 구성원들의 가치나 행동을 피하고자 하는 회피 집단으로 구분된다.

따라서 준거집단이란 한 소비자의 행동과 태도에 직접 혹은 간접 영향을 미치는 개인이나 집단을 의미하며, 소비자가 직접 혹은 간접적으로 접촉할 수 있는 가족, 친구, 친척, 사교모임집단, 전문가 집단 등이 포함된다. 특히, 사람들은 자신들이 속한 집단을 통해 행동의 기준이나 방식을 익히게 되며, 그 집단의 규범에 따라 행동하게 된다. 제품의 가격이나 소비자의 생애주기에 따라서 준거집단의 영향력이 상이하게 작용할 것이다. 예컨대, 어릴 때에는 부모로부터 많은 정보를 얻지만, 청소년 이후부터는 가족보다는 친구나 전문가 집단의 정보를 선호하는 경향이 있다는 것이다. 안창규(2000)는 스포츠 시설 참가자를 대상으로 준거집단의 특성과 스포츠 참여 행동 간의 인과관계 연구에서, 스포츠 소비자는 준거집단의 규범이나 가치를 인정하고 내면화하는 과정을 통해 스포츠에 참여하고 있음을 보고하였다. 일반적으로, 소비자가 어떤 제품을 평가하거나 구매할 때 준거집단에 조언을 구하게 되므로 준거집단은 소비자의 가치와 행동 양식을 제공한다고 할 수 있다.

스포츠 제품이나 프로그램 소비자 역시 자신의 욕구뿐 아니라 자신이 관계를 맺고 있는 준거집단의 태도와 행동양식에 따르려 한다는 것이다. 따라서 스포츠 마케터는 특정 스포츠 제품이나 프로그램의 경우 어떤 준거집단 구성원이 소비자 구매행위에 얼마나 영향력을 발휘하는지 파악해야 한다. 예를 들어, 어떤 직장인이 에어로빅댄스 강좌에 등록하려 할 때는 직접 참가하고 있는 이웃이 주된 준거집단이 될 수 있으며, 가정용 러닝머신을 구입하려 할 때는 스포츠 혹은 헬스 전문가 집단이나 가족이 주된 준거집단으로 작용할 수 있을 것이다.

또한, 스포츠 제품이나 프로그램의 종류에 따라 준거집단 구성원의 형태가 다르므로, 그러한 이미지에 상응하는 광고모델을 이용해야 할 것이다. 마이클 조던처럼 농구를 잘하거나 농구선수가 되고 싶어 하는 청소년들은 마이클 조던이 광고하는 에어조단 신발을 신고 싶어 할 것이다. 스키용품 업체들이 스키 선수들에게 무상 혹은 최저가로 새로 출시된 스키용품을 미리 제공하는 이유 중 하나는 스키 선수들이 많은 스키어들의 전문가적인 준거집단으로 작용하기 때문일 것이다.

부가하여, 스포츠 마케터는 의견 선도자(opinion leader)를 활용하여, 스포츠 소비자들의 태도와 행동에 변화를 주도록 노력해야 한다. 어떤 스포츠 제품이나 프로그램의 시장 확산에 큰 영향력을 가진 사람들이 바로 의견 선도자들이다. 의견 선도자가 스포츠 소비자들의 구매행위에 결정적인 영향을 미치므로, 특히 신제품을 출시할 때 이러한 집단을 파악하여 그 집단을 공략하는 전략이 필요하다.

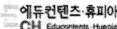

제6장. 스포츠와 제품

1. 스포츠 제품의 개념

　제품(Product)은 인간의 기본적 욕구 또는 2차적 욕구를 충족시켜 줄 수 있도록 시장에 출시되어 소비의 대상이 되는 것을 의미한다. 스포츠 제품은 테니스 라켓, 농구화, 야구글러브, 수영복 등과 같은 물리적 제품뿐 아니라, 수영강습이나, 프로야구와 같은 스포츠 프로그램이나 서비스를 포함한다. 스포츠 선수와 같이 사람이나 운동처방과 같은 아이디어나 개인의 기술까지도 시장화될 수 있는 제품으로 간주될 수 있다.

　스포츠 제품을 3차원으로 구분하여 설명할 수 있다. 핵심제품(Core product)은 소비자가 제품을 구매할 때 궁극적으로 얻고자 하는 핵심적인 혜택이나 이점을 의미한다. 예컨대, 헬스장의 회원권을 구매하는 사람은 운동 자체만을 위해 구매하는 것이 아니라 건강이나 즐거움 등을 추구하는 것이다. 따라서 스포츠마케터는 제품을 개발할 때, 먼저 소비자들에게 제품의 어떤 핵심적 혜택을 제공할 수 있는지 파악해야 한다. 스포츠마케터는 핵심 제품을 실제 제품(Actual product)으로 형상화 시킬 수 있어야 하는데, 실제 제품은 상표 혹은 프로그램 이름, 선수, 포장, 프로그램 혹은 경기 자체, 특성 등과 같이 소비자가 실제로 느낄 수 있는 물리적 형태의 차원을 의미한다.

　확장제품(Augmented product)은 핵심제품과 실제 제품에 추가적으로 소비자들에게 제공되는 혜택을 뜻한다. 프로스포츠 경기장에서 치어리더들의 응원전, 사후서비스, 게임 전후에 펼쳐지는 공연 등이 확장제품에 포함된다. "테크노댄스 경연대회", "오늘의 응원왕", "캐논 슛터 콘테스트", "사랑의 프로포즈", "연인커플 베이스 빨리 달리기", "홈 송구대회" 등은 관중들의 적극적 참여와 흥미를 유발하는 확장제품의 사례이다.

스포츠 조직은 고객들이 추구하는 편익이나 욕구에 바탕을 두어 제품이나 프로그램을 개발하여야 한다. 특히, 스포츠 서비스나 이벤트와 같은 무형의 서비스는 물리적 제품과 상이한 점이 많으므로 스포츠마케터는 이를 간과해서는 안 된다. 이러한 스포츠 서비스의 특징을 Mullin, Hardy와 Sutton(1993)은 아래와 같이 여덟 가지로 제시하였다.

1) 무형적 제품의 특징

스포츠 서비스는 항상 무형적이며 순식간에 주관적으로 경험하게 된다(Intangibility). 스포츠 서비스는 추상적이고 무형적이여서 만질 수 없으며 사전에 보여줄 수가 없다. 스포츠 서비스를 구매하기 전에 객관적으로 평가하기 어려우므로, 소비자는 높은 위험성을 인식하게 되고, 이러한 위험성을 낮추기 위해 보다 적극적인 정보탐색을 하게 된다. 대부분의 경우 스포츠 서비스 소비자는 구매결정 시에 직접 경험할 수 있는 조직의 평판, 직원이나 지도자의 태도, 구전, 물리적 환경 등 유형적인 요소에 의존하게 된다. 또한, 각각의 관람자나 참가자는 상이한 혜택을 추구하고 있으며, 똑같은 이벤트나 프로그램에 참가하고도 상이한 경험을 하게 됨을 이해하여야 한다. 똑같은 파트너와 똑같은 장소에서 테니스를 쳐도 즐거움이나 만족도는 상이하게 인지될 것이다. 스포츠 경험은 외적인 환경과 개개인의 내적인 상황에 따라 주관적으로 경험한다는 것이다.

2) 소멸성 제품 특징

스포츠 서비스는 생산과 동시에 소멸된다(Perishability). 스포츠 서비스는 생산과 동시에 소멸되므로 성수기와 비성수기에 발생하는 수요변동을 완충시킬 재고가 불가능하다. 스포츠 서비스는 저장이 불가능하여 공급의 탄력성이 떨어지기 때문에 제공능력 혹은 가용능력에 맞추어 수요를 창출하는 지혜가 필요하다고 하겠다. 암표의 가격이 게임시작 후에 급격히 하락하는 이유도 스포츠 서비스의 소멸성 때문이다. 물론, 비디오나 신문 등의 다른 형태로 제품으로서의 제품주기(Product)를 연장시킬 수는 있지만, 근본적으로 이미 지나간 서비스에 대한 입장권은 쓸모가 없게 되어버린다.

즉, 스포츠마케터는 서비스 공급 능력에 맞게 수요를 발생시킬 수 있는 능력이 필요하다. 수요를 못 따르는 스포츠 서비스의 부족한 수용 능력은 수익을 놓치게 한다. 너무 많은 관중의 몰려들어 입장하지 못하는 사람들이 속출하게 될 경우, 입장하지 못한 고객들의 불만을 줄이는 동시에 장외분위기를 고조시키기 위해 대형스크린을 장외에 설치할 수도 있겠다. 반대로 스포츠 서비스를 생산했으나 이용되지 못한 프로그램은 그 자체로 효용성을 잃어버리게 된다. 따라서 예약시스템, 가격차별화, 시즌티켓 등의 프로그램을 개발하여 최소한의 수익을 창출하고, 참가자나 관중의 인원을 예측하여 어느 정도 대비하는 전략이 필요하다. 또한, 직원들의 다기능화 교육을 통해 긴급하게 모자라는 인력에 대체할 수 있도록 하거나, 협력이 가능한 단체와 협력관계(Partnership)를 구축하여 지도자 파견 및 시설 임대가 가능하도록 할 필요가 있다.

3) 집단적 소비 제품 특징

스포츠 서비스는 대부분 집단적으로 소비되며, 소비자 만족은 사회적 촉진에 영향을 받는다(Social facilitation). 스포츠 서비스는 주로 공공장소에서 여러 사람과 함께 소비하게 되므로, 서비스에 대한 즐거움이나 만족은 다른 참가자나 관중과 어떻게 상호작용하는지에 달려 있다고 해도 과언이 아닐 것이다. 이러한 측면에서, 참가자나 관중들은 제품의 일부분으로 인식되어야 할 것이다. 스포츠 제품은 고객과 고객, 관중과 선수, 참가자와 지도자가 직접 상호작용하여 생산하며 소비하는 서비스라 할 수 있다는 것이다. 수영장에 사람들이 너무 많으면 혼잡함을 느끼게 되며, 반대로 축구장에는 사람들이 많아야 흥분되고 분위기가 고조될 것이다.

즉, 너무 사람들이 없으면 분위기가 초라해지고, 너무 많으면 혼잡함을 느껴 짜증나게 된다는 것이다. 독일의 경우 경기장 바로 옆 테라스에서 입석관람을 할 수 있도록 한다. 일반좌석이 보통 한화로 약 17,000원인데 반해 테라스의 입석관람료는 6,000원 정도밖에 되지 않으며, 고함을 치며 다른 관중들과 호흡을 같이 할 수 있도록 하고 있다. 붉은 악마와 같이 일어나서 함께 응원할 수 있는 좌석 배치는 경기장의 열기를 가속화시킨다는 것이다. 농구장의 열기를 좌우하는 "오빠부대"에 대해 구단이 좌석이나 응원소품 등에 관련하여 세심한 배려를 아끼지 말아야 한다. 또한, 스포츠 관리에는 혼자가 아니라 다른 사람들과 동행하는 경우가 많으므로(Mullin et al., 1993), 스포츠마케터는 특정 가족단위 혹은 직장동료 단위 등으로 마케팅 전략을 개발할 필요가 있다.

4) 예측 불가능 제품 특징

스포츠 서비스 소비의 전 과정은 예측이 불가능하며, 항상 일치하지 않는다(Inconsistency). 스포츠 프로그램이나 이벤트는 가변적이어서 표준화가 어렵다. 똑같은 팀이 똑같은 장소에서 똑같은 심판에 의해 경기를 갖는다고 해도 예기치 않은 사건이나 문제가 발생하여 게임의 과정과 결과를 다르게 연출한다. 관중난동, 선수부상, 천재지변, 전쟁, 심판의 오심 등이 외적인 변수로 작용한다는 것이다. 2000년 1월에 우리나라에서 열린 첫 국내 아이스하키는 심판의 경기 보이콧으로 경기가 취소되는 예기치 못한 일이 발생하였다. 유난히 눈이 많았던 2001년에는 프로농구와 프로배구 등의 경기 일정이 갑작스런 폭설로 선수들이 도로에 갇혀 연기되기도 하였다.

5) 통제 불가능 제품 특징

스포츠마케터는 전형적으로 핵심제품을 통제하지 못하며, 확장제품에 조차도 한정된 통제력을 갖는 경우가 많다. 참여스포츠보다는 관람

스포츠에서 스포츠마케터들의 제품에 대한 통제력이 상대적으로 많이 약하다. 일반적으로 미국이나 한국의 프로스포츠의 경우, 스포츠마케터는 경기 형식을 바꾸거나 선수를 트레이드하는 등의 핵심제품에 관여하지 못하고 있다. 이러한 조건 속에서도 스포츠마케터는 관중과 참가자를 끌어 모와야 하는 역할을 수행하여야 하는 어려움이 있다. Sutton과 Parrett(1992)는 핵심제품을 '게임 그 자체'로 정의하고, 관중들의 흥미를 끌고 스포츠 경기가 방송으로 중계될 수 있도록 게임 형식이나 분위기 자체를 스포츠마케터가 바꾸는 데 관여해야 한다고 주장하였다.

스포츠마케터가 핵심제품을 구성하는 요소들의 개발에 최대한 관여해야 한다고 본다. 관람스포츠의 경우에는 관중들에게 즐거움을 제공할 수 있도록 경기규칙 및 경기방식을 변형시키는 방안을 강구해야 한다. 2001년에는 미식축구에 프로레슬링의 개념을 더한 XPL(X Football League) 경기가 출범하여 NBC를 통해 중계되었는데, 개막전에서 9.5%의 시청률을 기록하여 미프로풋볼리그(NFL)의 시청률 5%를 훨씬 앞질렀다, 게임방식은 흥분과 박진감을 더하기 위해 35초의 공격 준비 시간을 25초로 줄였으며, 경기시작 때는 볼을 놓고 양 팀의 가장 빠른 선수들이 볼을 쟁취하도록 하였다. 송기성과 최영란(1993)은 한국배구 98-99 슈퍼리그에 참가한 팀들의 대전 결과를 Bradley-Terry 모형에 의해 분석하여 관중의 흥미 유발을 위한 차후 예선리그 방안도 제시하였다. 국제테니스연맹(ITF)은 남자 테니스 선수들의 200km가 넘는 강서브 때분에 랠리의 묘미를 관중들이 즐길 수 없다는 판단하에 테니스공의 지름을 8% 늘리는 방안을 검토 중이라고 한다. 국제탁구연맹 역시 2001년 9월부터 한 세트 점수를 21점에서 11점으로 낮추고, 기존의 3세트와 5세트 대신 7세트와 9세트를 도입하여 탁구의 인기 만회를 노리고 있다.

코치와 감독들이 성적 부진으로 해임되는 사례가 많다. 물론, 성적부진을 이유로 해임당하는 현실에서 감독들은 승부에 집착하지 않을 수 없을 것이다. 하지만, 지루하게 승부에만 집착한 게임을 관중들이 다시 찾고 싶어 할 이유가 없다. 감독과 선수들이 승부뿐 아니라 멋진 경기를 연출할 수 있도록 구단주와 연맹의 배려와 지원이 있어야 한다. 또한, 스포츠마케터가 선수 영입이나 트레이드에 직접 혹은 간접으로 개입하여 팀의 특색이나 팀의 승률을 만드는 데 관여해야 한다. 특정 선수나 감독은 팀컬러와 관중동원에 결정적인 영향을 미치므로 간단히 구단주가 영입, 트레이드 그리고 파면 등을 독단적으로 쉽게 결정할 사안이 아니라는 것이다.

6) 확장 가능 제품 특징

스포츠마케터는 핵심제품보다 확장제품에 더 많은 마케팅 노력을 기울여야 한다. 선수들의 수준 높은 경기력이나 성적도 중요하지만 이에 못지않게 분위기나 편의시설 등의 팬들의 구매만족에 큰 영향을 미친다는 것이다. 2000년 시즌부터는 프로야구 잠실과 대전 구장은 그나마 구단 측이 지방자치단체로부터 운영권을 넘겨받아 매점이나 화장실 등의 확장제품을 개발할 수 있게 되었지만, 다른 구장이나 스포츠 이벤트의 경우에는 스포츠마케터의 영향력에 아직 많은 한계가 있다. 스포츠마케터는 승리를 약속하기보다는 구장의 분위기와 이벤트를 강조해야 한다. 관중성향에 대한 많은 연구에서 승패는 관전동기에 영향을 미친다는 보고가 나왔지만, 팀의 경기력이나 승패 못지않게 확장제품을 통한 마케팅 전략이 중요하다가 하겠다. 예컨대, NFL의 Tampa Bay Bucanners와 San Jose Sharks는 많은 패배에도 불구하고 관중동원과 기념품 판매 등에 성공한 사례가 있다. 불편한 좌석, 불결하고 부족한 화장실, 질이 떨어지는 음식점, 매력적이지 않은 기념품 등을 과감하게 개혁하여 관중들의 욕구를 확장제품에서 충족시켜 줄 수 있도록 노력해야 한다. 덴버 너기츠(Denver Nuggets)에 의해 개발된 소음측정기는, 경기장의 양쪽 끝에 와인쿨러병 모양의 병이 소음 데시벨 수준이 증가할수록 형광빛으로 채워진다. 관중들은 형광빛을 병에서 넘쳐 흐르게 하기 위해 소리를 지르게 되며, 이러한 전략은 경기장의 분위기를 고조시킨다. 선수들의 가쁜 숨소리를 전달하기 위해 마이크를 경기장 가까이에 배치한다든지, 대형스크린을 경기장에 설치하여 멋진 장면을 느린 장면으로 다시 볼 수 있도록 하는 확장제품이 필요하다. 관중들의 관람동기는 편의시설 요인에 많이 좌우된다는 연구논문이 쏟아져 나오고 있다(강형민, 육종술, 김차용, 손종열, & 정우진, 1998; Branvold, Pan, & Gabert, 1997). 같은 맥락에서, 스포츠 센터는 운동처방실, 탁아시설, 인터넷서비스방 등 확장제품을 고객의 욕구에 부응할 수 있도록 개발해야 할 것이다.

7) 산업재 제품 특징

스포츠 제품은 소비재인 동시에 산업재이다. 스포츠 제품은 소비자(Consumer products)와 산업재(Industrial products)로 구분할 수 있다. 소비재란 최종소비자나 가계가 소비를 목적으로 구매하는 제품을 말한다. 반면, 구매자가 제품이나 서비스를 생산할 목적으로 어떤 제품을 구매한다면 그 제품은 산업재이다. 즉, 형태나 내용이 동일하더라도 사는 사람과 용도에 따라서 소비재 혹은 산업재로 분류된다. 러닝머신을 가정용으로 구매한다면 소비재에 속하며, 똑같은 러닝머신이라 할지라도 헬스센터에 비치할 목적으로 구입한다면 산업재가 되는 것이다. 사업체가 고객을 접대할 목적으로 스포츠 경기의 입장권을 구매하거나, 스폰서십을 통해 표적시장에 기업체가 접근하려 할 경우 관람스포츠를 산업재로 간주할 수 있을 것이다. 선수보증광고(Endorsement) 역시 스포츠 선수를 이용하여 자사의 제품을 광고하는 것이므로, 이러한 경우에는 스포츠 선수 자체가 산업재에 포함되는 것이다. 예컨대, 타이거우즈가 나이키브랜드 붙은 옷, 신발, 모자를 착용하고 타이틀리스트 골프채와 볼을 사용하며, 뷰익로고가 찍힌 골프백을 들고 다니는 것은 타이거우즈라는 스포츠 제품을 통한 광고이므로, 타이거우즈라는 선수 혹은 제품은 산업재라 할 수 있을 것이다.

8) 보편적 소구 가능 제품 특징

스포츠는 보편적인 소구력을 가지며, 우리의 삶에 깊숙이 파고들어 있다. 스포츠는 전 세계에 걸쳐 남녀노소, 지역, 인종, 종교에 관계없이 퍼져 있다. 약 30억 명이 넘는 지구촌 식구들이 시청하는 월드컵에 관한 통계를 보더라도, 스포츠의 힘은 가히 상상을 초월한다. 스포츠와 관련된 방송, 신문, 잡지, 인터넷사이트, 동호회 등이 우리 주변에 봇물처럼 터져 나오고, 스포츠에 대한 이야기가 많은 대화거리로 등장하고 있다. "골키퍼 있다고 골이 안들어가냐?", "결혼에 골인했어", "완투했다" 등과 같이 스포츠와 관련된 언어가 일반적 표현으로 일상생활에서 쓰이기도 한다. 이러한 이유로 세계시장을 공략하는 기업들이 스포츠를 통한 마케팅(Marketing through sport)을 시도하고 있는 것이다. 금호타이어가 중국에 천진 금호타이어 여자배구단을 발족시키는 사례나, 삼성전자가 2000년 시드니올림픽, 2004년 아테네올림픽 그리고 2008년 베이징올림픽에 무선기기 파트너십에 투자한 이유는 의외로 간단하다. 해외진출 국내기업들이 스포츠를 통해 외국에서 자사 혹은 자사의 제품 이미지를 높이고 친숙해지려는 전략이라 할 수 있으며, 이는 스포츠가 갖고 있는 보편적 소구력 때문에 가능하다고 본다.

2. 스포츠 제품의 구성요소

제품 전략에는 차별화(Differentiation), 개발(Development), 위치선정(Positioning), 브랜드화(Branding)가 포함된다. 제품 믹스 전략은 다음과 같다.
- 제품 수명주기의 관리(Management of the Product life cycle)
- 제품, 브랜드 이미지의 전략적 위치선정(Positioning)
- 제품 개발(Development)
- 제품 다양화(Diversification)
- 제품 라인 확장(Line extension)
- 제품의 고유성 강조(Identification)
- 제품 생산 중지(Product deletion)

제품믹스 혹은 프로그램믹스란 한 조직이 제공하고 있는 모든 제품 혹은 프로그램의 총합이라 정의할 수 있다. 제품믹스는 제품계열(Product assortment)이라고도 한다. 제품계열이란 유사한 특성을 갖도록 고안된 제품의 집합이다. 제품항목은 특성이 다른 각각의 제품으로, 각 라인 안에는 항목이 포함된다. 스포츠 조직이 제공하는 제품라인의 수는 제품믹스의 폭을 의미하며, 라인에 포함된 항목의 수는 제품믹스의 깊이를 나타낸다. 즉, 깊이는 프로그램계열이 다양한 종목을 제공하고 있는 정도를 의미한다. 즉, Iso-Ahola(1980)가 제시한 바와 같이, 다양한 종목의 프로그램을 제공할 때 소비자들은 선택의 자유(Perceived freedom of choice)를 많이 인지할 수 있을 것이다. 변화하는 소비자의 욕구를 지속적으로 충족시켜 주기 위해서는 제품라인의 폭과 깊이를 지속적으로 연구개발해야 할 것이다.

제품의 다양화(Product diversification)란 기존의 제품계열과 항목에 새로운 제품을 추가하는 것을 의미한다. 제품을 다양화하는 큰 이유는 보완관계에 있는 관련 제품이나 프로그램들을 모두 갖추어 제공함으로써 경쟁적 우위를 점할 수 있게 된다. 또한, 제품을 다양화함으로써 특히, 불황기에는 수요 감소를 줄일 수 있다. 반대로, 기존 제품의 계열과 항목을 줄이는 제품단순화(Product simplification)를 단행할 수도 있다. 수익성과 프로그램 효율성이란 측면에서, 주요한 일부의 제품이나 프로그램에 많은 노력과 자원을 투자하고, 제품의 수명주기 단계상 쇠퇴기에 있는 제품은 정리할 필요가 있다는 것이다.

3. 스포츠 신제품 개발 (New Product development process)

어떤 스포츠 제품이 관중이나 참가자를 매료시킬 수 있을까? 기술습득이나 체력단련 위주로 지도하는 수영프로그램은 참가자의 참가의욕을 줄일 것이다. 승리만을 위해 게임을 지연시키고 난투극을 벌이는 관람스포츠를 관중들은 외면할 것이다. 최근 라켓볼이 인기 있는 이유로 많은 기술이 필요치 않고, 짧은 시간에 많은 운동을 하며 스트레스를 해소할 수 있다는 데 있다. 표적으로 하는 스포츠소비자들의 욕구를 충족시켜 줄 수 있는 스포츠 제품을 개발할 수 있어야 한다는 것이다.

새로운 제품이나 프로그램을 창출할 때는 가장 먼저 조직의 목적과 신제품의 아이디어가 합치하는가를 판단해야 한다. 예컨대, 주변에 상업스포츠시설이 많음에도 불구하고 구민 스포츠센터에서 고소득층을 대상으로 골프교실을 고가로 제공하는 것은 부적절할 가능성이 높다. 새로운 프로그램이나 제품을 개발하는 과정은 일률적으로 정해져 있지는 않지만 〈신제품 개발과정〉에서 보는 바와 같이 5단계로 대별될 수 있다. 물론, 이러한 개별과정을 항상 다 거칠 필요는 없지만, 위험 부담이 큰 제품이나 프로그램일 경우에는 보다 체계적인 개발 과정을 거치는 것이 바람직하다.

〈신제품 개발과정〉

1) 신제품 아이디어 도출

새로운 제품이나 프로그램을 개발(Generating new product idea)하기 위해서는 우선 제품의 개념을 적절하게 수립해야 한다. 즐거움, 휴식, 성취, 기능습득, 건강 등의 어느 혜택에 중점을 둘 것인지 결정해야 한다. 참신하고 적절한 아이디어를 얻기 위해서는 참가자, 경쟁업체, 직원 및 지도자, 스포츠 전문가들의 도움을 받아야 한다. 직원이나 지도자에게 경쟁업체나 유사 오락산업에 견학할 수 있는 기회를 제공하면,

자극도 받고 자사 프로그램의 장단점을 쉽고 정확하게 파악할 수 있을 것이다. 아이디어를 도출할 때는 습관적 혹은 고정관념을 타파해야 한다! 직원과 지도자의 브레인스토밍(Brainstorming)을 통해 많은 아이디어를 생산할 수 있으며, 소비자 조사를 통해 수집된 소비자의 불만사항과 제안들을 프로그램개발에 적극 반영해야 한다.

2) 실행가능성 분석

실행가능성 분석(Screening and feasibility analysis)에서는 부적합한 아이디어를 선별하고, 가장 적절한 아이디어를 선택하기 위해 분석하고 검토하는 단계이다. 시장의 규모와 중요성 그리고 재원은 프로그램을 실행하는 데 충분한지 분석해야 한다. 물론, 소비자의 관심과 호응 가능성을 면밀히 검토해야 한다.

3) 실제제품 개발

실제제품 개발(Development of actual product)은 지금까지 검토해온 추상적인 제품 아이디어를 기술적 혹은 상업적으로 생산 가능한 제품으로 구체화시키는 단계이다. 예컨대, 복싱에어로빅의 기술적 실현가능성이 검토되었으면, 이 단계에서는 복싱에어로빅의 세부적인 프로그램안을 개발한 단계이다.

4) 시장실험

시장실험(Market testing)은 시장의 일부를 선택해서 실제적인 적합성을 시험하는 것이다. 복싱에어로빅을 시범적으로 표적으로 하는 집단이 참가하고 있는 에어로빅댄스 프로그램 중에 시범적으로 표적으로 하는 집단이 참가하고 있는 에어로빅댄스 프로그램 중에 부분적으로 사용하여 봄으로써 유용한 정보와 소비자의 반응을 알아볼 수 있다.

프로야구의 경우 시범경기가 시장실험 단계에 속할 것이다. 투자비용과 위험부담이 큰 제품이나 프로그램일수록 실패하지 않도록 시장시험을 해야 하는데, 문제점 보완 및 성공가능성을 구체적으로 타진하는 단계이다.

5) 상품화 혹은 실행

상품화 혹은 실행(Commercialization & Implementing)은 시장시험을 통해 얻은 정보를 토대로 최종적인 마케팅믹스를 결정하여 본격적인 제품 혹은 프로그램의 생산 및 제공이 이루어지는 단계이다. 특히, 새로운 제품이나 프로그램을 시장에 출시할 때는 시기, 장소, 방법 등을 면밀히 검토해야 하겠다. 일단 프로그램이나 제품이 상품화되어 시장에 소개되면 신제품의 수명주기가 시작된다.

6) 스포츠소비자의 혁신수용과정

새로운 제품이나 프로그램은 소비자의 혁신수용과정을 통해 시장에 보급된다. 혁신의 수용과정은 한 소비자가 새로운 제품이나 프로그램에 처음 접하게 되는 순간부터 최종 수용단계에 이르기까지 겪게 되는 심리적 과정이라 할 수 있다. Rogers(1983)는 혁신의 수용과정을 정규 분포로 나타내고, 혁신의 수용시간에 따른 수용자 부류와 전체인구에서 차지하는 구성 비율을 다음의 다섯으로 분류하였다

확산곡선은 각각 다른 집단이 처음으로 스포츠제품이나 프로그램을 구매할 때 얼마나 판매량이 서서히 증가하는지를 보여주며, 새로운 제품이나 프로그램의 수용시기에 따른 수용자 부류를 정규분포로 나타낸 것이다. 물론, 이러한 확산곡선은 제품이나 프로그램의 특성에 따라 달라질 것이다. 스포츠마케터는 소비자의 혁신수용과정을 이해함으로써 신제품 출시 초기 단계에 효과적인 시장침투전략을 세울 수 있을 것이다. Higgins와 Martin (1996)은 새로운 스포츠제품을 시장에 출시할 때 혁신제품의 확산이론이 마케팅 전략 수립에 유용하며, 관람스포츠에

있어서도 혁신제품에 대한 수용 속도는 입장권 판매에 비례하여 결정적으로 영향을 미침을 강조하였다. 혁신적인 제품이나 프로그램을 출시할 때는 주로 혁신자들과 조기수용자들의 특성을 파악하여 그들에게 마케팅 노력을 집중해야 한다. 이들 5부류의 수용자들은 상이한 가치구조와 특성을 갖고 있다.

혁신자는 신제품을 가장 먼저 받아들이는 부류로서 통상 시장의 2.5%를 점유한다. 이들의 심리적 특성은 모험적이며 위험을 기꺼이 감수하면서 새로운 경험을 추구한다. 혁신자 부류는 사교적이며 활동영역이 넓어 정보망이 넓고 활발하다. 뿐만 아니라 비교적 젊고 전문성이 높으며 재정적으로 여유가 있어 높은 가격에 별로 부담을 느끼지 않는다.

조기수용자는 시장의 구성원 중 13.5%에 해당되며, 의견 선도자로서 존경을 받기 원하기 때문에 새로운 아이디어를 조기에 수용하되 신중을 기한다. 조기다수자는 조기수용자 다음으로 신제품을 받아들이며 전체 시장에 34%를 형성한다. 조기다수자는 조기에 아이디어를 수용하는 편이며 매사에 신중을 기하는 특징이 있다. 후기다수자는 시장구성원의 34%를 점유하며, 의심이 많아서 대다수 사람들의 사용으로 혁신의 가치가 확인된 후에 수용한다. 최종수용자는 시장구성원의 16%를 형성하고 있는 부류로 전통을 지향하고 변화를 두려워하여 새로운 것에 대해서는 매우 부정적이다. 따라서 최종수용자 부류는 혁신이 전통적인 것으로 굳어진 나음에야 수용하는 특징을 나타낸다.

4. 스포츠 제품의 수명주기

새로운 제품이나 프로그램이 일단 시장에 소개되면 그들 자신의 생명을 갖게 되어 소위 일련의 제품수명주기를 거치게 된다. 일반적으로 제품의 수명주기는 새로운 제품이나 프로그램이 시장에 나타났다가 다시 시장에서 사라지기까지의 과정을 의미한다. 이렇게 제품이나 프로그램이 수명주기를 거치는 원인은 소비자의 욕구변화, 경쟁사의 경쟁력, 기술개발에 따른 신제품 출현, 경제나 정치와 같은 환경의 변화 그리고 해당 조직의 마케팅 노력에서 찾을 수 있을 것이다.

일정한 시간이 경과함에 따라 스포츠 제품이나 프로그램은 소비자의 욕구와 시장환경 변화로 인하여 수명주기단계별 상이한 마케팅믹스가 요구된다는 것이다. 제품의 수명주기 개념은 기존 제품의 수명과 장래성을 예측하고, 수명주기단계별 마케팅 전략을 효과적으로 수립할 수 있으나, 본서에서는 Crompton과 Lamb(1986)이 제시한 바와 같이 도입기, 성장기, 성숙기, 쇠퇴기로 크게 구분하여 각 단계의 특징과 각 단계에서의 마케팅 전략을 알아보려고 한다

1) 제품의 수명주기별 특징

(1) 도입기

도입기(Introduction)는 제품의 시장 도입에 따른 막대한 투자로 손실을 내는 시기로 참가자들의 수용정도가 느리다. 제품이나 프로그램에 대한 인식이 낮아서 소수의 인원만이 참가하게 된다. 이 단계에는 우선 제품이 잘 알려지지 않은 상태이므로 제품의 존재와 혜택에 대해 빨리 알리는 것이 필수적이다. 또한, 보다 많은 사람들이 제품을 시험구매하여 구매에 대한 불안을 해소시키고, 구매욕구를 창출할 수 있도록 해야 한다.

(2) 성장기

성장기(Take-off)에는 제품이나 프로그램이 어느 정도 알려지게 되어 참가자의 수와 수입이 급증하게 되며 경쟁자가 진입한다. 성장기는 참가증가율이 떨어지기 시작하는 시점에서 끝난다. 성장기에 경쟁적 우위를 지키고 빠른 시장성장을 유지하기 위해서는 적절한 시장확대 전략을 개발해야 한다.

(3) 성숙기

성숙기(Maturation)에는 많은 잠재고객 혹은 참가자들이 이미 그 제품이나 프로그램을 구매하였을 뿐 아니라 경쟁이 높아져서 참가수와 수입의 증가율이 떨어지는 시기이다. 성숙기를 연장하는 것은 마케팅 노력에 달려 있다고 할 수 있다. 경쟁이 심해지는 성숙기의 마케팅 전략으로 표적으로 하는 시장을 수정하거나 새로운 제품을 개발하는 마케팅믹스 전략이 요구된다.

(4) 쇠퇴기

쇠퇴기(Decline)에는 참가자수 및 수입이 급격히 감소하며 확장(Extension : 프로그램 수명 주기를 늘리기), 석화(Petrification : 일부 골수고객만 주로 남은 경우), 종료(Death : 프로그램을 종료하기)의 3가지 시나리오를 생각할 수 있다. 무계획적이거나 불합리하게 프로그램을 없앨 경우에는 기존의 골수고객이 반발하거나 나쁜 소문이 퍼질 가능성이 높기 때문에 신중을 기해야 한다.

이러한 제품이나 프로그램의 수명주기를 적용하는 이유는 마케팅 전략을 개발하는 데 보다 능동적이며 적극적으로 대처할 수 있는 아이디어를 제시해 주며, 미래를 예측하여 자원을 적절하게 활용할 수 있는 지침을 제시해 주기 때문이다. 하지만 프로그램 수명주기를 적용하는 데는 여러 가지 한계가 따른다. 첫째, 언제 경쟁자가 나타날지 모르며, 소비자들의 욕구가 빠르게 변하므로 프로그램의 수명을 예상하기란 쉽지 않다. 둘째, 제품이나 프로그램의 수명주기는 그 특성에 따라 다르게 나타난다. 마지막으로, 제품이나 프로그램 수명주기의 단계별 구분과 길이가 명확하지 않다.

2) 제품 수명주기 연장을 위한 전략

제품이나 프로그램의 수명주기를 연장시키기 위해서는 새로운 시장을 개척하거나 새로운 혹은 변형된 제품을 개발하여 내놓을 수 있어야 한다. 물론, 새로운 제품 혹은 프로그램이라 하는 것도 대부분 과거의 제품을 변형시킨 경우가 많다. 예컨대, 라켓볼은 사실상 스쿼시를 변형한 것이다. 신기하거나 새로운 것을 추구하는 인간의 욕구를 충족시켜 줄 수 있도록 시장이나 프로그램을 개발하여야 한다. 예를 들어, 수영강습에 싫증을 낼 시기가 되면, 아쿠아로빅스와 같이 댄스와 수영을 혼합한 운동으로 변형하여 제시할 필요가 있다.

(1) 시장침투

시장침투(Market penetration)는 제품이나 프로그램을 수정이나 변형시키지 않고 기존 표적시장에서 소비자들의 참가를 증진시키려는 전략이다. 비사용자를 사용자로 바꾸거나 기존고객의 참가횟수를 증가시키는 전략이 시장침투전략에 포함된다. 물론, 경쟁자의 고객을 유인하는 전략도 포함되는데, 이때 비영리조직일 경우에는 설립이념에 배치될 수도 있음을 간과해서는 안 된다. 새로운 고객유치도 중요하지만 기존고객을 유지하고 그 사용량을 증가시키는 것도 중요하다. 복합시설을 갖추고 있는 스포츠센터의 경우 수영교실에 다니고 있는 기존 참가자들에게 헬스장을 부가로 이용할 경우 할인 혜택을 적용하는 촉진전략은 특히, 도입기나 쇠퇴기에 적중할 수 있다.

(2) 프로그램 개발

프로그램 개발(Product-development or product-differentiation) 전략은 개발 혹은 수정한 프로그램으로 기존 표적시장에서 시장점유율을 높이려는 것이다. 새로움을 추구하는 경향이 뚜렷한 대상은 특히, 잘 알려져 있거나 오래된 제품이나 프로그램에 실증을 내는 경향이 있으므로, 프로그램의 수정 및 개발이 필요하다. 새로운 프로그램을 제시할 수 있는 3가지 방법은 다음과 같다(Tull & Kahle, 1990). 혁신적 프로그램(Innovative program)은 경쟁자 또한 개발하기 못한 새로운 프로그램을 의미하며, 경쟁적 프로그램(Emulative program)은 자사에는 새롭지만 경쟁조직에서 이미 시장에 내놓은 프로그램을 의미한다. 변형 프로그램(Adaptive program)은 복싱에어로빅이나 아쿠아로빅스와 같이 기존 프로그램을 변형하여 만든 프로그램을 뜻한다.

(3) 시장개발

시장개발(Market development)은 기존의 프로그램으로 새로운 시장을 개발하는 전략이다. 새로운 지역을 찾거나, 전체 시장을 세분시장으로 구분하여 시장을 개발하는 것이다. 시장을 세분하여 시장을 개발하는 전략을 태권도장을 예로 들면, 유아와 초등학생만을 대상으로 제공하던 태권도를 주부나 청소년으로 표적을 바꾸어 제공하는 전략이다. 역시, 태권도장을 다른 지역에 똑같은 프로그램으로 오픈할 경우 시장개발이라 할 수 있다.

(4) 프로그램 다각화

프로그램 다각화(Diversification) 전략은 새롭게 수정 혹은 개발된 프로그램으로 새로운 시장에 진출하는 것이다. 기존 소비자들의 욕구가 변하였거나 경쟁자의 진입으로 기존의 프로그램이 쇠퇴기에 있을 때 시도할 수 있는 전략이다. 예를 들어, 어린이만을 대상으로 하던 태권도장에서 새롭게 태권도 에어로빅스를 주부대상으로 시도한다면 프로그램 다각화라 할 수 있겠다.

프로그램 다각화는 새로운 시장에 새로운 프로그램을 제공하는 것이므로 실패의 위험이 수명주기 연장전략 중 가장 높다고 할 수 있다.

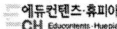

제7장. 스포츠와 가격

1. 가격의 개념과 중요성

　가격(Price)이란 제품을 소유하거나 사용하는 대가로 지불해야 하는 화폐나 교환매체로 표시된 가치로 정의할 수 있다(Stanton & Charles, 1987). 제품의 가치는 가격으로 수량화되는데, 이때 가치의 수량화는 교환을 위한 수단으로 작용한다. 작게는 입장권에서부터 선수, 구단, 리그 그리고 이벤트에 이르기까지 스포츠 제품은 가치 평가를 위해 가격으로 수량화된다. 가격은 마케팅 효과를 위해 경우에 따라서 쉽게 조정될 수 있는 가변적인 특징을 가지고 있는 마케팅믹스 중의 하나이다. 가격은 교환될 물건이나 서비스를 결정하고 그것의 가치와 관련된 모든 사항들을 고려해서 정한다. 뿐만 아니라 원가, 수요, 전달방법, 이윤 그리고 경쟁자(사)의 가격 등을 고려해야 한다. 제품이나 프로그램의 개발 목적에 따라 어떤 제품은 무료 혹은 저가로, 어떤 제품은 고가로 책정될 수 있다.

　가격산정 시 고려해야 할 요인들이 많이 있다. 그 중에서도 제품의 질은 중요한 기준이 된다. 희소가치가 있으면 비싸게, 없으면 싸게 가격을 책정한다. 경쟁사가 있느냐 없느냐 하는 것도 가격결정에 영향을 미치지만 더욱 중요한 것은 부가가치이다. 제품의 부가가치가 높으면 시장경쟁이 치열하더라도 가격경쟁력에서 앞설 수 있다. 특히, 가격이 적정하지 않다고 소비자들이 지각했을 때에는 의구심이나 불만족을 일으켜 재구매를 하지 않게 될 것이다. 스포츠소비자의 구매 만족을 극대화시키는 방법 중의 하나는 구매비용보다도 스포츠 제품의 혜택이 더 컸다고 인지하도록 하는 것이다.

　준거가격, 제품 구매 경험, 가격과 관련된 구체적 정보 그리고 할인

판매 빈도도 소비자의 구매심리와 관련하여 중요한 요인으로 작용한다. Rajendran과 Tellis(1994)는 소비자들은 제품이나 서비스 선택 시 단순히 실제 가격만을 비교함으로써 구매결정의 근거를 마련한다고 하였다. 박세혁(1996)은 소비자가 특정 제품을 저렴한 가격으로 구매한 경험이 있거나, 제품의 생산비가 낮아 원가가 낮다는 결정적인 정보를 가지고 있다면 기대 가격보다 높은 가격으로 책정되어 있는 제품은 구매하려 하지 않는다고 하였다. 그리고 Diamond와 Campbell(1989)은 어떤 제품의 가격할인판매 빈도가 높을 경우 소비자들은 저준거가격 수준을 형성하게 되는 결과로 당연히 낮은 가격을 기대하게 되므로 인상된 가격에 대해 저장하게 된다고 하였다.

어떤 영리사업이든 손해를 보는 것은 마케팅에서는 금물이며, 따라서 아무리 사회봉사를 목적으로 하는 사업이라 할지라도 설립 목적에 맞는 합리적인 경영을 해야 하므로 수지계산은 명확하게 할 필요가 있다. 물론 어떤 프로그램은 봉사적 차원으로서 적자가 나도 행해야 할 때도 있음은 주지할 사실이다. 그러나 가격은 스포츠 소비자들이 납득할 만큼 공정해야 하고, 실질적이어야 하며, 모든 사람들로부터 적정가격이라고 인지될 수 있도록 책정되어야 하는 것이 원칙이다.

1) 가격의 특성

스포츠 제품은 다른 산업 제품과는 다른 특성을 가지고 있기 때문에 가격 면에서 볼 때 공통적인 특성도 있지만 다소 다른 특성도 가지고 있다. 스포츠 제품의 가격은 일반적으로 다음과 같은 특성을 지니고 있다.

스포츠 제품 가격은 수요가 탄력적인 시장상황에서 매우 쉽게 변경될 수 있는 요인이다. 스포츠 조직이 경쟁기업의 전략변화나 시장상황의 변화를 감지하고 이에 전략적으로 대응하고자 할 때, 제품이나 유통과 같은 마케팅믹스의 변경은 비교적 많은 시간을 요하기 때문에 즉각적으로 대응할 수 없다. 그러나 가격은 상대적으로 매우 빠르게 대응할 수 있는 신축적인 특성을 지니고 있다.

가격은 마케팅믹스 중에서 가장 강력한 경쟁 도구이다. 다른 어떤 요인보다 시장상황에 즉각적으로 대응하여 가격전략을 수립하여 경쟁 제품을 압도할 수 있는 강력한 마케팅 도구이다. 가격은 소비자에게 매우 빠르게 전달되어 인식을 변화시킨다. 소비자들의 제품에 대한 지각은 가격에 정비례한다(송용섭 & 김형순, 1998). 즉, 가격이 비싸면 품질이 좋다고 지각하고 특히 객관적인 자료가 없는 상태에서는 더욱 그러하다. 동일한 제품이라 할지라도 가격의 변동에 따라 소비자들은 매우 민감하게 반응한다. 소비자들은 가격에 매우 민감하기 때문에 가격 변동을 통해 제품의 시장경쟁력을 높일 수 있다. 그러나 반대로 경쟁사도 이에 대응하여 손쉽게 가격변동을 시도할 수 있음을 알아야 한다.

스포츠 제품의 가격은 정형화된 일정한 체계를 구축하기가 어렵다. 스포츠 제품은 타산업 제품과 달리 무형의 가치를 지니고 있다. 무형의 가치는 객관화된 기준이 없는 한 일정한 가격체계를 구축하기가 어렵다.

스포츠 제품의 가격은 비교적 변동 폭이 크다. 선수의 연봉이나 구단의 가치는 한 시즌을 단위로 크게 변화한다. 선수의 가격변동 폭이 큰 경우의 예를 들면 다음과 같다. 무명의 선수가 좋은 성적을 올리고 새롭게 연봉을 계약할 때, 거액을 받는 신인선수가 시즌 중 경기 성적이 나빴을 때, 선수가 한 팀에서 다른 팀으로 이적할 때 등이다. 특히 이와 더불어 선수보증광고 계약을 체결하거나 팀 소속 선수라 할지라도 광고에 출연할 경우 그 가치는 매우 크게 변한다.

제품 가격이 상대적 관계에 의해 결정된다. 선수 이적으로 인한 공백이나 보강으로 인한 포지션 중복 등은 선수 개인의 가치를 결정하는데 매우 중요하게 작용한다. 어떤 구단에서는 포지션의 중복에 의해 빛을 보지 못하는 선수라 할지라도 타 구단에서는 꼭 필요한 선수일 수 있다. 즉, 같은 구단 내에서는 가치를 인정받지 못해서 몸값이 적을 수 있지만 그 선수를 필요로 하는 구단에서는 높은 몸값을 받을 수 있다. 이러한 현상은 선수들의 이적이 빈번하게 발생하는 이유이기도 하며, 선수들에게는 새로운 각오를 다지게 하는 동기유발의 계기가 되고,

팬들에게는 변화에 대한 새로운 볼거리 제공이라는 측면에서 또 다른 스포츠 제품의 가치를 창조하는 활동이기도 하다.

2) 스포츠 제품의 가격 유형

스포츠 산업 내에서 사용되는 가격의 유형은 다양하다. 분야별로 사용되는 용어는 각기 일정한 대가로 지불하는 계량화된 가격임에는 틀림없지만 특성상 용어를 다소 다르게 표현하고 있다. Pitts와 Stotlar(1996)가 제시한 내용에 근거하여 가격의 여러 가지 유형을 살펴보면 다음과 같다.

- 라이선싱비(Licensing fee) : 팀의 로고를 제품에 부착해서 판매하는 대가로 지불하는 비용
- 입장료(Ticket charge) : 시설을 사용하거나 경기장에 입장하면서 지불하는 비용
- 회원권(Membership fee) : 스포츠센터의 시설을 장기적으로 이용하기 위해 지불하는 비용
- 대여료(Rental fee) : 장비를 사용하는 대가로 지불하는 내용
- 리그 참가비(League fee) : 리그나 대회에 참가하기 위해 팀이 연맹에 지불하는 비용
- 스폰서십비(Sponsorship fee) : 스포츠이벤트의 공식 스폰서로 참여하기 위해 지불하는 비용
- 등록비(Registration fee) : 농구교실이나 축구교실 등 단기특별프로그램에 참여하기 위해 지불하는 비용
- 연봉(Salary) : 팀이나 구단이 감독과 선수에게 지불하는 비용
- 수수료(Commission) : 스포츠마케팅대행사가 업무를 대행하고 팀이나 선수들로부터 받는 비용
- 상금(Purse) : 대회 주최 측에서 참가선수들에게 지불하는 격려금
- 입찰가(Bid) : 스포츠 전람회 등의 개최권을 획득하기 위해 기업이 제시하는 비용

- 보증광고비(Endorsement fee) : 스포츠 용품사나 기업이 유명선수를 활용하는 대가로 지불하는 비용
- 방송중계권료(Broadcasting rights fee) : TV 방송국이 스포츠경기를 중계하는 대가로 스포츠 단체나 권리를 가지고 있는 단체에게 지불하는 비용
- 자문료(Consulting fee) : 기업이나 스포츠 단체가 스포츠마케팅대행사에 시장상황과 예측 등 마케팅 환경 분석을 의뢰하고 지불하는 비용
- 리그 가입금(Franchise fee) : 프로스포츠리그에 가입하기 위해 팀이 연맹에 지불하는 비용

3) 스포츠 제품 유형별 가격

스포츠 제품의 가격은 각 제품의 유형이 서로 다른 만큼이나 다양하게 나타난다. 크게 세 가지 차원에서 생각해 볼 수 있다.

(1) 관람스포츠제품의 가격

관람스포츠제품의 가격은 스포츠소비자(관중)와의 관련성에 따라 경기 관람료와 경기 구성요소의 가격으로 분류할 수 있다. 즉, 경기 관람료는 스포츠 소비자와 관련한 구단의 직접수입이지만, 선수 개인 그리고 협회/이벤트는 가격과 관련하여 스포츠 소비자와는 간접적인 관계에 있다. 경기 구성요소란 경기 개최와 직접적인 관련이 있는 선수 구단, 협회/리그와 같은 조직 구조를 의미한다.

① 관람스포츠의 가격구조

가. 관중
관중은 입장권을 구매하는 직접 스포츠 소비자이다. 선수의 가치를 결정하는 데 중요한 영향을 미치는 것은 물론이고, 구단/이벤트, 투자

자, 영상 및 인쇄매체 그리고 기업에게 가치평가의 기준을 제공하는 매우 중요한 요인이다.

나. 매체 수용자

영상매체와 인쇄매체를 통해서 스포츠를 접하는 간접 스포츠 소비자로서 선수나 구단, 리그 및 이벤트 그리고 중계권료 등의 가격을 결정 짓는 데 영향을 미치는 중요한 요인이다.

다. 선수

선수는 관중과 매체 수용자들에 미치는 영향과 팀 내에서의 역할과 기여도를 중심으로 가치가 결정된다. 선수는 관람스포츠제품 구성의 최소단위로써 선수개인의 가치는 곧 팀의 가치로 직결된다. 선수는 관중과 단체 수용자의 직접적인 영향을 받아 구단, 영상 및 인쇄 매체 그리고 기업과 수동적인 가격체계를 구축하고 있다.

라. 구단

구단은 관중과 매체 수용자의 영향을 받아 소속 선수와 능동적 가격체계를 구축하고 있다. 반면에 투자자, 영상 및 인쇄매체, 기업 그리고 관중과는 수동적인 가격체계를 구축하고 있다. 미국 MLB에서 1998 시즌 1위를 차지한 뉴욕 양키즈의 구단 가치평가는 4억 9,100만 달러이다. 그리고 LA 다저스는 한때 미국의 100대 기업에 오르기도 할 정도로 가치를 인정받기도 하였다. 보스턴 레드삭스는 2002년 6억 600만 달러에, 신생팀인 워싱턴 내셔널스는 2005년에 3억 달러 이상에 매각된 것으로 전문가들은 추정하고 있다. 그리고 우리나라 프로농구의 대우 제우스 농구단이 1999년에 신세기통신에 매각되었는데 매각액은 106억 원이었다. 2001년 해태 타이거즈를 기아가 인수하는 데 KBO 가입금을 포함하여 250~300억 원 선으로 추정된다. 프로구단의 가치를 평가하는 요소는 스타플레이어, 승률, 명성 혹은 전통, 연고도시 인구수, 경쟁요인, 입지조건 등을 꼽을 수 있겠다.

마. 투자자

여기서 투자자는 스포츠 구단의 가치를 인정하고 구단 매각 시 관심을 보이는 일종의 기업을 의미한다. 구단의 가치 평가에 영향을 미치는 요인은 관중과 매체 수용자이다. 즉, 스포츠 소비자들의 구단에 대한 관심도가 구단의 부가가치를 결정하는 것이다. 따라서 투자자는 관중과 매체 수용자의 영향을 받으며 구단과 능동적 가격체계를 구축하고 있다.

바. 기업

기업은 스포츠 소비자와 간접적인 관계 하에 선수, 구단/이벤트, 영상 및 인쇄매체와 능동적 가격체계를 구축하고 있다. 선수와는 선수보증광고 형태로, 구단/이벤트와는 스폰서십 형태로 그리고 영상 및 인쇄매체와는 광고나 홍보와 같은 촉진도구 형태로 관계를 맺고 있다.

사. 영상 및 인쇄매체

영상 및 인쇄매체는 선수, 구단 그리고 리그/이벤트를 매체 수용자에게 연결하는 역할을 한다. 뿐만 아니라 매체 수용자들에게 스포츠의 진면목을 보여줌과 아울러 기업의 광고효과 까지도 함께 제공하여 효과적인 기업의 촉진도구로서 스포츠의 가치를 극대화시키는 데 결정적인 역할을 하고 있다. 영상 및 인쇄매체는 스포츠소비자와는 간접적인 관계에 있다. 선수와 구단/이벤트와는 능동적 가격체계를 구축하고 있고, 기업과는 수동적 가격체계를 구축하고 있다. 즉, 선수에게는 TV 출연료를 지불하고, 구단/이벤트에는 TV중계권료를 지불하며 반면에 기업으로부터는 광고비를 받는다.

② 관람스포츠의 가격

가. 경기 관람료

윔블던 테니스 대회의 지정석 특히 센터 코트의 입장권은 좀처럼 구입하기 힘든 것으로 유명하다. 예매는 연초에 이미 끝나며, 준결승이나 결승전은 프리미엄을 붙여야만 표를 구매할 수 있을 정도로 윔블던 테니스대회 제품의 가치는 높다. 미식축구 결승인 슈퍼볼(Superbowl)의 입장료 구하는 것도 매우 어려우며, 암표는 엄청난 액수로 뒷거래되기도 한다. 유명골프대회의 입장권 역시 구하기 어려운 것은 마찬가지이다. 1998년도 미국 조지아주 오거스타내셔널 골프클럽에서 개최되었던 마스터스 골프대회는 1백 달러짜리 4일간의 공식 라운드 입장권 가격이 5천 달러에 암거래될 정도로 그 어느 때보다 관심이 높은 가운데 치러졌다. 마스터스대회 공식 라운드 입장권은 약 4만장으로 주최 측이 예약 판매했으나, 예약은 26년 전인 지난 72년에 이미 마감됐다. 예약자들만이 4일간 골프장에 입장할 수 있는 배지를 받았다. 예약이 취소될 경우에 대비하여 추가 예약을 받았으나 이것도 20년 전인 78년에 모두 끝났을 정도로 관심이 높다.

나. 경기 구성요소의 가격

경기 구성요소의 가격은 선수 개인, 팀 그리고 협회 또는 리그 차원에서 생각할 수 있다.

* 선수 개인

선수 개인에게 있어서 제품가격은 두 가지로 분류될 수 있다(김용만, 2002).

첫째는 선수 자신의 몸값이다. 선수의 몸값은 선호하는 스포츠종목별로 일반적으로 다르게 형성된다. 스포츠 리그를 기업이 촉진을 목적으로 활용할 수 있는지의 여부에 따라 다르다. 미국의 프로스포츠시장을 구성하고 있는 여러 프로스포츠 종목 중에서 미식축구, 농구, 야구 그리고 아이스하키는 대중들로부터 매우 인기 있는 스포츠임에 반하여 축구는 그리 인기를 얻지 못하고 있다. 그렇기 때문에 메이저리그 야구선수나 농구선수의 몸값과 축구선수의 몸값에는 엄청난 차이가 있다.

둘째는 선수의 광고 가치로서의 가격이다. 선수의 제품가격은 연봉에만 국한되는 것이 아니다. 일단 대중들로부터 인기를 얻고 있다고 판단되면 재계약 때 연봉 인상을 요구할 수 있다. 뿐만 아니라 기업과 방송국으로부터 새로운 제의를 받는다. 먼저 기업은 유명선수들을 활용하여 촉진활동을 하기 위해 선수보증광고(Endorsement) 계약을 원한다. 그리고 방송국에서는 시청률을 높이기 위해서 방송 출연을 제의한다. 이와 같이 광고효과 혹은 시청률을 높일 것으로 판단되는 가치 있는 선수들에게는 엄청난 액수의 비용이 지불된다. 이것이 선수의 가치이며 가격인 것이다. 실제적으로 미국 프로농구의 마이클 조던, 영국 EPL의 박지성, 프로골퍼 타이거 우즈 그리고 브라질의 축구선수 호나우두 등은 그 가치를 인정받아 나이키와 선수보증광고 계약을 맺고 있다.

* 팀 / 구단

구단에 있어서 제품가격은 다음의 세 가지로 구분할 수 있다.

첫째는 경기 관람료이다. 경기 관람료는 프로구단의 중요한 수입원이다. 경기 관람료는 스포츠 경기의 독특한 특성 때문에 매우 가변적인 수입원이라고 할 수 있다. 즉, 보관할 수도 없는 일회적인 것이라서 정해진 장소에서 정해진 시간에 많은 관중이 입장하지 않으면 엄청난 손해를 감수할 수밖에 없다. 이러한 가변성을 가급적 배제하기 위해서 핵심 수입원을 다른 데서 찾으려는 시도가 이루어지고 있다. 즉, 방송중계권 협상에서 유리한 위치를 차지하기 위해서 방송국의 구미에 맞게 규칙이나 제도를 바꾸려는 시도이다. 그러나 이러한 시도는 팀/구단의 자체적인 노력만으로는 불가능하다. 국제스포츠연맹이나 리그에 참여하는 각 팀/구단들의 노력과 이를 주관하는 협회 차원에서 공동 노력이 있을 때 가능하다.

둘째는 광고와 관련된 가격이다. 경기장 광고를 비롯한 유니폼 광고, 용품광고 그리고 야구의 경우 헬멧 광고 등 다양한 형태로 나타난다. 광고료 역시 팀의 성적과 직접적인 관계가 있기 때문에 각 구단이 좋은 성적을 올리려고 노력하게 하는 동기부여의 역할을 하고 있다.

셋째는 특징적인 이미지와 관련된 각종 확장제품을 활용한 가격이다. 즉, 팀의 마스코트나 로고를 부착한 스포츠용품을 판매하는 라이선싱/머천다이징 프로그램을 개발하고 있다. 예를 들면 모자, 컵, T-셔츠 그리고 각종 기념품 등이다.

* 협회 / 연맹

협회/연맹이나 스포츠단체가 소유하고 있는 제품은 리그하고 할 수 있다. 리그라는 제품에 대한 가격은 중계권료, 스폰서십 그리고 라이선싱/머천다이징 비용을 들 수 있다. 우리나라의 종목별 프로스포츠 관중수를 비교해볼 때, 야구가 축구, 농구, 배구보다도 훨씬 높은 관람비율을 나타내고 있다. 예컨대, 프로야구가 가장 인기를 끌던 95년의 경기당 평균 관중은 1만 727명이었으나, 97년 말 IMF 여파로 격감한 관중수는 2000년에 5,000명 선이 무너졌고(한국야구위원회, 2003), 2004년에는 4,383명이라는 평균 최소 관중수를 기록하였다. 하지만, KBO의 공식 발표에 따르면, 2004년 이후 총 관중수가 증가하여 2008년에는 프로야구가 가장 인기 있었던 1995년 수준에 다가섰다. 이러한 관중수의 증가는 치열한 순위다툼과 이벤트가 큰 기여를 한 것으로 본다.

구단과 연맹은 끊임없이 날카롭고 체계적으로 분석하는 노력이 필요하다. 선수들의 FA자격 획득으로 고액연봉 시대로 들어섰으며, 이는 구단의 재정압박요인으로 작용하고 있다. 결국, 우리나라의 모든 프로구단은 재정적으로 모기업의 지원 없이는 파산할 상황임은 누구도 부인하지 못할 것이다. 관중들이 많으면 리그는 성공적인 것으로 평가될 수 있고, 연맹 또는 리그 입장에서는 인기를 활용하여 효과적인 가격정책을 수립할 수 있다. 예를 들면 방송국과 중계권료 협상에서 많은 중계권료를 요구할 수 있고 기업 스폰서를 선정할 때 스폰서십 비용을 높게 요구할 수 있다. 따라서 리그의 가치는 스폰서십, 라이선싱 그리고 머천다이징을 통해서 알 수 있다. 협회/연맹은 기업과의 관계에서 높은 비용을 받기 위해 노력해야 한다. 자연발생적으로 형성되는 분위기만으로는 가치를 극대화할 수 없다.

연맹의 자산 가치 제고를 위한 노력의 좋은 예가 있다. NBA의 커미셔너였던 데이비드스턴은 1984년 취임과 동시에 세계 시장을 향해 NBA라는 스포츠제품을 판매키로 결심하고 부가가치 창출을 위한 전략을 수립하였으며, 목표 달성을 위한 동반자로 나이키를 선택했다. 그 당시 나이키도 세계시장을 겨냥한 마케팅 전략을 펼치고 있었기 때문에 서로에게 필요한 존재들이었다. 마이클 조던은 NBA와 나이키의 욕구를 충족시켜 준 장본인이다. 나이키는 무명시절 조던의 가능성을 알아보고 광고모델로 계약하고 '에어 조던'이란 농구화 광고를 세계시장을 향해 선보였다. 그 후 15년이 지난 1999년 조던은 은퇴할 때까지 광고 출연료로만 약 4억 8백만 달러(2005년 기준 약 4,700억 원)의 막대한 수입을 올리게 되었고, 나이키에게는 광고효과를 통한 제품의 판매 증진 기회를 제공했으며, NBA에는 세계의 이목을 집중시키는 엄청난 부가가치의 스포츠 제품으로 거듭나게 하는 효과를 보였다. NBA, 나이키 그리고 '조던'의 삼각관계는 서로의 필요에 의해 형성된 개개의 목표달성의 매개체로 작용하였다. 특히 NBA의 입장에서 볼 때 불세출의 스타 "조던"은 NBA 리그의 제품 개발 노력의 결정체라고 할 수 있다.

(2) 참여스포츠제품의 가격

참여스포츠제품의 가격 역시 제품마다 차이가 크다. 비싸게는 수천만 원이 넘는 골프 회원권이나 스포츠센터 회원권부터 싸게는 비영리를 목적으로 하는 공공단체의 최저 이용 가격에 이르기까지 제품의 가격차가 심하다. 이러한 차이는 주로 스포츠 서비스의 질적인 차이게 기인한다.

(3) 스포츠용구/용품의 가격

경기력을 극대화해야 하는 엘리트 스포츠선수들과 일반 참여 스포츠 소비자들이 이용하는 용구나 용품에는 다소의 차이가 있다. 동일한 브랜드라 할지라도 자신의 기량을 최대한 발휘해야 하는 선수들은 특수 제작된 용품을 착용하는 경우가 많다. 예를 들면 큰 키를 요구하는 농구의 경우 의복이나 신발이 맞지 않는 경우가 있기 때문에 특별 주문

제작하여 선수에게 착용케 한다.

  2008 베이징올림픽 자유형 400m 우승에 이어 아이사인으로는 최초로 자유형 200m에서 은메달을 따낸 박태환과 금메달을 8개나 따낸 마이클 펠프스가 착용한 스피도사의 첨단 수영복은 물의 비중보다 가벼운 특수소재를 사용하고 원단 전체에 무봉제 기술을 활용하여 부력을 향상시키고, 물의 저항력을 최소화함으로써 '신기록 수영복'이라는 별칭을 얻었다.

  장비 제조업체는 경기력을 극대화할 수 있도록 해당 스포츠단체가 공인하는 장비나 설비를 생산하여 대회의 공식용품으로 지정받고자 노력한다. 대회의 공식용품으로 인정을 받게 되면 전 세계적으로 시장을 넓혀갈 수 있으며, 무엇보다도 경쟁업체와의 경쟁에서 우위를 점유할 수 있다는 이점이 있다.

  스포츠용품에는 브랜드에 따라 가격에 차이가 있고, 동일 브랜드라 하더라도 기능과 모양에 따라 차이가 있다. 선수를 비롯한 전문인들을 타켓으로 한 용품은 높은 가격대의 제품일 것이고, 일반인들을 타켓으로 한 경우는 다소 낮은 가격대의 제품을 만들 것이다. 그러나 이런 여러 종류의 스포츠용품을 제작하기는 하지만 반드시 스포츠에 대한 전문성에 따라 스포츠용품이 소비되는 것은 아니다. 왜냐하면 일반 스포츠용품 소비자는 유명선수들이 착용하는 명성 있는 브랜드의 제품을 선호하는 경향이 있기 때문이다. 그래서 스포츠용품 생산업체는 스포츠스타의 이미지가 브랜드 이미지로 전이되는 효과를 기대하고 유명선수를 활용하여 촉진활동을 하려고 한다.

2. 가격결정에 영향을 미치는 요인

  가격을 결정하기 위해서는 제품과 관련된 역사적 배경이라든지, 경쟁자들의 가격비교, 최근의 추세나 경향들을 고려하고 면밀히 분석해야 한다.

소비자가 느끼는 만족은 제품 또는 서비스의 효능에서 구매비용을 뺀 정도를 말한다. 가격은 생산에 소요되는 비용을 고려하여 책정하여야 한다. 또한 가격은 제공하는 제품 또는 서비스의 가치를 고려하여 책정하여야 한다.

너무 비싸서 고객이 제품이용을 못하고 있다면, 그 제품의 가격전략을 검토해 볼 필요성이 있다 가격결정에 영향을 미치는 요인을 보면 다음과 같다.

1) 내부적 요인

(1) 마케팅 목표

스포츠조직이 어떠한 마케팅 목표를 설정하느냐에 따라 가격결정을 달리 한다. 스포츠시장에서 단지 생존이나 현장 유지를 목표로 하는 경우와 수익 증대나 시장 선도 등을 목표로 하는 경우의 제품 가격 결정에는 차이가 있다. 생존을 목표로 하는 경우에는 다음과 같다.

- 시장경쟁이 지나치게 치열하다.
- 과잉 생산을 했다.
- 소비자 욕구나 취향이 변하였다.

위의 경우에는 가격 경쟁력이 낮기 때문에 가격을 낮게 책정할 수밖에 없다. 반면에 수익증대나 시장 선도를 목표로 세우는 경우는 다음과 같다. 아래의 경우에는 높은 가격을 책정할 수 있다.

- 시장경쟁이 치열하지 않다.
- 고부가 가치의 제품이다.
- 공급에 비해 수요가 많다.

(2) 목표시장 점유율

시장점유율을 증대시키고자 하는 스포츠조직은 현재의 시장점유율을 유지하고자 하는 조직에 비하여 공격적으로 가격을 결정한다. 경쟁력을 갖춘 조직인 경우에 설정할 수 있는 목표이다. 시장점유율을 높이기 위해서 초기에 가격을 어떻게 책정할 것인가를 잘 결정해야 한다.

(3) 마케팅믹스 전략

가격에 영향을 미치는 마케팅믹스는 제품, 유통체계 그리고 촉진방법을 들 수 있다.
· 제품 : 신제품과 기존 제품/쇠퇴기에 접어든 제품의 차이
· 유통체계 이동거리, 중간 판매상 유무(전문 입장권 유통회사 이용)
· 촉진 : 촉진방법, 촉진활동의 양

(4) 원가

원가는 제품의 가격결정에 있어서 출발점을 제시하는 중요한 요소이다. 원가를 결정할 때는 다음과 같은 내용을 고려해야 한다.
· 고정비 : 제품의 생산 및 판매되는 수량에 관계없이 일정하게 발생하는 비용으로서 시설, 설비 등의 감가상각비, 임대료, 관리자의 봉급, 보험료, 이자 등을 말한다.
· 변동비 : 제품의 생산수준에 따라 변화하는 비용으로서, 생산에 직결되는 직접 노무비, 원료비, 자재비 등을 포함한다.
· 총비용 : 특정 생산수준에서의 고정비와 변동비의 합계이다. 일반적으로 기업은 일정한 생산수준에서 최소한 총비용을 상회하는 제품의 가격수준을 원하게 될 것이다.
· 한계비용 : 추가적으로 한 단위의 제품을 생산, 판매할 때 발생하는 총비용의 증가분을 말한다.

• 손익분기점 : 총비용(원가)과 총수익(매출)이 일치하는 점이다. 판매량이 손익분기점 이하일 경우에는 총비용이 총수익보다 더 커서 손실이 발생하고, 판매량이 손익분기점 이상이 되면 총수익이 총비용보다 더 많아서 이익을 발생시킬 수 있다.

2) 외부 요인

(1) 경쟁사 또는 경쟁 스포츠의 가격

실제적으로 스포츠 종목별 리그에 참여하는 모든 프로구단은 같은 가격을 책정하고 있다. 이런 경우는 다른 방법으로 다른 구단과 가격을 차별화해야 한다. 다른 측면에서 우리나라의 경우 인기 스포츠리그는 프로축구, 프로야구, 프로농구, 그리고 배구리그이다. 그러나 이 네 종목은 시즌이 다르기 때문에 모두 경쟁관계에 있는 것은 아니다. 프로축구는 프로야구와 그리고 프로농구는 배구리그와 경쟁관계에 있다.

그 혁신적인 프로그램이나 제품은 도입기에 고가정책(Skimming pricing)과 시장침투가격정책(Penetration pricing) 중에서 선택하게 된다. 고가정책은 주로 고소득층으로부터 많은 이익을 내기 위해 가격을 결정하는 방법으로써 경쟁제품이 쉽게 진입할 수 없고, 제품의 높은 가격을 뒷받침해 주는 질과 이미지가 필수적이며, 고가의 제품을 구입할 수 있는 세분시장이 존재하여야 한다. 시장침투가격정책은 저가격으로 시장점유율을 확대하려는 전략으로써 가격에 대한 민감도가 높고, 판매량의 증가가 수익에 큰 영향을 미치며, 경쟁자의 시장진입을 어느 정도 봉쇄하려 할 때 적용된다.

(2) 사회적 분위기

뜻하지 않은 사회적 사건은 스포츠 소비자들의 태도나 인식을 변화시킬 수 있다. 대중들의 스포츠 참여는 소득과 시간적 여유 그리고 스포츠 활동의 필요성을 느끼는 계층의 사람들이 주류를 이룬다. 저소득

보다는 고소득 계층이, 시간적 여유가 없는 집단보다는 여유가 있는 집단이 그리고 필요성을 느끼지 않는 사람보다는 절실히 느끼는 사람이 지속적으로 스포츠 활동에 참여한다. 경제수준이 높은 국가는 일반적으로 스포츠 산업이 발달하였음을 알 수 있다. 국가 경제에 영향을 미치는 사회적 분위기는 스포츠 소비자들의 스포츠 활동에 비참여 행동을 유발케 하여 결과적으로 스포츠시장을 위축시키게 된다. 이 때 스포츠제품의 가치는 하락되며, 결국 경제적 위기상황이 스포츠제품의 가격에 영향을 미치게 된다. 또한 국제 스포츠이벤트가 특정 스포츠 종목에 영향을 미쳐 붐을 일으키면 스포츠 소비자들이 한쪽으로 몰리게 되어 제품의 가치가 상승되므로 국제 스포츠이벤트라는 사회적 분위기가 가격에 영향을 미치게 된다.

(3) 수요의 변화 및 가격탄력성

가격이 높아지면 시장 수요는 떨어지며, 가격이 낮아지면 시장 수요가 증대하는 것이 일반적이다. 하지만, 비탄력적인 수요의 경우에는 가격의 변화가 수요에 큰 영향을 미치지 못한다. 수요의 가격탄력성(Price elasticity of demand)이란 수요가 가격변화에 대응하여 얼마나 민감하게 변하는가를 나타내는 정도를 뜻한다. 수요의 가격탄력성을 결정하는 요인으로 다른 대체 가능한 제품의 존재 여부, 표적시장의 부유 정도와 제품 가격 관계 그리고 직접비용(Direct use price)과 전체비용(Total cost)의 비율을 꼽을 수 있다.

3. 가격결정 전략

변화하는 상황 내지 기회에 적응해 나가기 위해서는 제품 및 서비스의 가격을 적절하게 조정하거나 변경해 나가는 가격전략을 펼쳐야 한다. 아무리 원가가 많이 소요된 프로그램이라 할지라도 높은 가격을 책정할 수 없으며, 반대로 시설, 지도자, 장소 등 질이 떨어지는 프로그램이라고 당연히 저가로 참가자를 끌어들일 수 있다고 단정 지을 수 없을 것이다.

1) 차별화 전략

가격의 차별화는 세분화 요소에 따라 수립하는 전략이다. 스포츠 소비자들이 선호하거나 강한 욕구나 필요를 느끼는 제품과 그렇지 않은 것을 구분하여 가격에 차등을 두는 방법이다.

이용시간에 따라	계절/시기에 따라	선호도에 따라	위치/편익에 따라
과밀	성수기	선호시설	특별석
분산	비성수기	비선호시설	일반석

2) 할인전략

제품의 가격이 낮은 것은 오히려 소비자들로 하여금 저질의 제품이라는 부정적 인식을 갖게 할 수도 있다. 그렇기 때문에 가격요소와 관련하여 고려해야 할 것은 가격을 직접적으로 낮추는 것보다는 표적시장을 선정하여 그에 맞는 할인 요소를 찾아 소비자를 유인함이 바람직할 것이다. 예를 들면 어린이 관중의 경우 50% 할인을 해 주거나 어린이와 동반한 성인 관중인 경우 어린이는 무료입장 시키는 방법이다. 이와 마찬가지로 노인 할인, 단체 할인, 쿠폰 할인 등의 방법이 있다. 1998년 시즌 관중 격감으로 위기의식을 느낀 프로야구 구단은 미래에 대한 확실한 투자라는 장기적인 측면에서 어린이 팬들에게 무료 또는 할인 입장을 결정하기로 했다.

(1) 가격할인 형태

스포츠 현장에서 가격을 할인하는 경우를 쉽게 찾아볼 수 있다. 스키장이나 옥외 수영장은 계절, 시간, 혹은 대상에 따라 소비자 수가 변동을 보인다. 소비자가 대량 구매를 하거나 비성수기 때 구매하는 것과 같은 특정 행동에 대한 보상으로 제품의 기본적 가격을 조정하는데 이것을 가격할인이라고 한다. 가격할인 형태는 다음의 네 가지가 있다.

① 현금할인(Cash discount)
대금을 즉시 지급하는 구매자에게 가격을 할인해 주는 방법이다. 즉, 지불 청구서를 신속하게 지불하는 구매자에게 혜택을 주는 것이다. 현금할인은 판매자의 재무유동성을 개선하고 악성 부채를 줄이는 데 그 목적을 두고 있다.

② 수량할인(Quantity discount)
많은 양을 구매하는 구매자에게 가격을 할인해 주는 방법이다. 수량할인은 판매자에게 첫째, 일부 재고 기능을 구매자에게 전가시키고, 둘째, 생산량을 증가시켜 원가를 줄일 수 있으며, 셋째, 대부분의 경우 정교한 포장비용을 절감할 수 있다.

③ 계절할인(Seasonal discount)
계절할인 비수기에 제품이나 서비스를 구매하는 구매자에게 가격을 할인해 주는 방법이다. 계절할인의 장점은 판매자가 일년내내 제품 생산을 가능하게 한다. 저장이 불가능한 스포츠서비스 시설을 최대한 가동하는 전략이다.

④ 공제(Allowance)
공제는 정가에서 가격할인을 해주는 또 다른 형태의 할인 방법으로, 신 모델을 구입할 경우 구 모델을 반환하면 그만큼 가격을 할인해 주는 방법이다. 이는 제품제공의 보상인 동시에 구매에 대한 동기로서의 역할을 한다. 예컨대, 헬스장이나 운동처방실의 노후된 기구들을 교체할 때 적용되는 경우이다.

(2) 스포츠제품의 가격할인 전략의 필연성

스포츠제품에 있어서 가격할인 프로그램이 필요불가결한 이유는 다음이 몇 가지가 있다.

① 스포츠제품의 무형적 특성

스포츠제품은 무형의 일회적인 상품이기 때문에 저장을 할 수 있는 특징이 있다. VTR을 이용하여 녹화한 것을 볼 수도 있지만 경기장에서 펼쳐지는 박진감 넘치는 생생한 장면에 비하면 스포츠 상품으로서의 가치는 상대적으로 낮아지게 된다.

막대한 비용을 들여 완벽한 스포츠 이벤트를 계획하였다 하더라도 소비자들의 반응이 없다면 그 이벤트는 실패하게 된다. 소비자들의 관심도는 이벤트의 성격과 비중에 따라 다르게 나타난다. 이 때 장소의 크기에 비해 관중들이 다소 적게 입장할 것으로 예측되는 경우 이상의 할인방법을 이용하여 소모성 제품의 특징을 살려 경기장을 가득 메울 수 있는 방안을 마련함이 바람직하다.

② 소비자의 입장료에 대한 관심

많은 소비자들은 스포츠 행사를 관람하기 위해 소요되는 총비용보다는 입장료에 민감하게 반응하는 경향이 있다. 그러나 경기장에서 지출하는 전체 비용은 관람빈도나 참여빈도 등 소비자의 태도에 의해서 영향을 받는다. 다시 말해서 경기관람만을 목적으로 경기장을 찾는 관중도 있지만 가족이나 친구 또는 연인이 함께 즐기기 위해서 경기장을 찾는 경우가 많기 때문에 그룹이 경기장 안에서 소비하는 전체 비용은 증가하게 된다. 그러므로 먼저 입장료에 대한 할인전략으로 소비자를 경기장으로 유인하고 전체 소비 유발을 위해 경기장 내 음식점이나 기념품점을 완벽하게 갖추는 노력이 필요하다.

에듀컨텐츠·휴피아
CH Educontents·Huepia

제8장. 장소와 유통

1. 장소의 개념

 장소 혹은 유통(place)은 제품이나 프로그램을 생산하고 유통시키는 창구 혹은 경로라 할 수 있다. 즉, 장소는 생산된 제품을 소비자에게 전달하는 과정인 것이다. 장소는 언제, 어디서, 어떤 경로로 프로그램이나 제품을 제공할 것인지에 대한 문제이다. 장소는 지리적 장소와 시설 그 자체뿐 아니라, 시간표 전략(scheduling), 등록 및 입장권 유통경로 요소를 포함한다.
 스포츠 산업에 있어서의 장소 개념은 단순히 넓은 주차장을 확보하고 현대식의 건물로 소비자에게 스포츠프로그램을 제공한다는 차원에서 그치는 것이 아니라, 다양한 전달방법을 활용하여 스포츠프로그램을 소비자의 상황에 적절하게 제공하는 방법을 포함한다. 특히, 다른 마케팅믹스 요소와 달리 지리적 장소는 변경시키기 어려우므로, 장소에 관한 결정은 신중히 이루어져야 한다(Mullin, Hardy, & Sutton, 1993). 표적으로 하는 세분 시장의 접근이 용이하다고 느끼고 편안하게 구매하여 즐길 수 있도록 분위기가 창출되어야 할 것이다.
 일반적으로 장소(place)라고 하면 마케팅에선 유통을 의미한다. 그러나 멀린 등(Mullin et al., 2000)에 따르면 스포츠 마케팅에선 장소(place)와 유통(distribution)은 별도의 개념으로 이해해야 한다고 했다.
 스포츠 마케팅 개념에서 장소는 고정된 위치를 뜻한다. 아무리 역동적인 스포츠 이벤트라 할지라고 규격화된 공간에서 이뤄진다. 올림픽과 월드컵 같은 메가 스포츠 이벤트는 특정 스포츠시설이 필요하다. '스포츠의 마케팅(marketing of sports)' 주체인 구단, 체육 단체 등은 스포츠시설에 최다 관중의 집객을 목표로 한다. 즉 잘 만들어진 스포츠 상품(goods)을 특정 장소에서 개최해 스포츠 소비자를 유인한다. 덧붙여 스포츠시설의 접근성을 고려해야 한다. 대중교통과 차량 이동시 편리성을 갖춰야 한다. 주차 공간과 편의시설도 중요한 요인이다.

사이클, 마라톤과 같은 작은 규모의 스포츠 이벤트 장소는 규격화된 공간이라 할지라고 이동 가능한 공간이다. 규격화라는 의미는 경기 규정상 조건에 부합하는 도로의 폭, 고도, 커브 등이지만, 대회 성격상 매번 출발지, 경유지, 도착지를 달리할 수 있다. 세계 최대의 사이클 축전인 투르 드 프랑스(Tour de France)는 매년 7월에 3주 동안 개최된다. 마지막 스테이지는 프랑스 개선문 앞 상젤리제 도로 일대를 도는 크리테리움(criterium) 경기로 치러지지만, 출발은 관광지(destination) 홍보를 극대화시킬 목적으로 지역 혹은 인근 국가의 도시에서 치러진다. 출발 도시 선정 경쟁은 매우 치열하다. 이런 경우는 매년 장소가 다르다는 것이 스포츠 소비자를 유인할 수 있는 매력 요인으로 작용한다. 출발지마다 스포츠 관광(sports tourism) 상품이 다르기 때문이다.

2. 장소의 구성

1) 지리적 장소 및 시설

스포츠마케팅 믹스 측면에서 지리적 장소 및 시설에 포함되는 요인으로는 접근용이성과 시설 그 자체로 나눌 수 있을 것이다.

Crompton과 Lamb(1986)은 지리적 장소(Geographical location)와 접근용이성(Accessibility)을 레크리에이션 프로그램 유통의 주요 요인으로 꼽하였다. 접근용이성은 실제 거리나 여행시간과 같은 지리적 혹은 물리적 요소 뿐 아니라, 심리적으로 접근이 용이함을 인지하는 정도를 의미한다(O'Sullivan, 1991). 특히, 야외에서 이루어지는 스포츠프로그램의 경우에는 소음, 공해 주변 경관과 같은 주변의 환경이 소비자들의 접근용이성에 영향을 미친다(Railey & Railey, 1988).

(1) 접근용이성

지리적 용이성을 판단함에 있어 가장 일반적으로 참고하는 방법은, 교통시간에 근거하여 반경을 그려보는 것이다. 이러한 방법은 비교적 정확하게 스포츠 프로그램에 따라 표적시장을 결정할 수 있도록 도와준다. 스포츠 이벤트나 프로그램에 따라 갈라지겠지만, 경쟁시설에 대한 정보와 프로그램의 성공 가능성을 어느 정도 예측하는 데 중요하게 쓰일 것이다. 대중교통의 접근이 힘들고, 셔틀버스가 제공되지도 않으면서, 주차할 공간이 턱없이 부족하다면 고객의 불만은 커져만 갈 것이다. 물론, 교통뿐 아니라 도보로 스포츠시설에 접근하기에 어려울 수도 있다.

예컨대, 목동 아이스링크에 가려면 버스정류장에서 500m를 걸어야 하며, 지하철역 오목교에서는 1km 정도 떨어져 있다. 또한 안내판도 잘 마련되어 있지 않아 초행길에는 찾기 쉽지 않다. 노인이나 장애인의 경우에는 계단이나 사람들의 편견과 차별이 접근용이성을 막을 수 있다. 경사로가 있는 계단을 설치한다든지, 편안하게 관람할 수 있는 관람석을 마련하는 것은 이들의 접근 용이성을 높여주는 방법이다. 특히, 복지가 강화 되어가는 우리나라의 추세를 감안할 때, 장애인들이 접근용이 하도록 스포츠시설에 법적 장치가 강화될 수 있음을 알아야 한다. 주차 공간 역시 접근용이성 측면에서 스포츠소비자의 구매의도에 많은 영향을 끼친다. 또한, 도심이나 지하철이 닿는 위치에서 프로그램이 이루어질 경우 스포츠소비자들이 편리하게 구매할 수 있을 것이다.

접근용이성은 단순히 지리적인 반경으로만 결정되는 것이 아니라, 소비자들이 심리적으로 인지하는 접근의 편의성 혹은 안정성을 포함한다. 1985년 벨기에서 벌어진 영국의 리버풀과 이탈리아의 유벤투스 간의 유러피언컵 축구 결승전에서 영국관중의 폭동으로 39명이 압사한 사건과, 1989년 영국 FA Cup에서 96명이 압사한 사건 등은 특히, 노인이나 가족 단위의 관람에 있어 접근용이성을 저해하는 요인이었다(채석완, 1999). 영국축구협회(FA)와 프로축구연맹 및 각 구단들은 훌리건들의 난동을 막기 위해, 1996년 유럽축구선수권 대회를 전후하여 훌리건들의 폭력 집합지나 다름없던 입석 공간을 없애고 100% 좌석제를 도입하였다. 또한, 관중들의 안전을 위해 경기장 전역에 CC카메라를 설치하고, 경기장 내의 화약류 및 술 반입을 금지하였으며, 홈 관중과 어웨이 관중의 좌석을 분리한 조치는 일반 관람자의 접근용이성을 높여주었으리라 본다. 참여스포츠 역시 주변에 불량배들이 많아서 소비자들이 위험을 인지하여 접근이 어렵다고 느낄 수도 있다.

(2) 시설의 디자인 및 배치

음악, 조명, 온도, 습도, 공간 등 시설 내부의 물리적 요인들 역시 소비자들의 만족에 영향을 크게 미친다고 할 수 있다. Peterson과 Tharrett(1991)는 안전, 기능 그리고 안락함을 스포츠시설의 주요한 3요소로 제시하였다. 스포츠 소비자와 직원의 안전과 건강을 위협하는 시설은 작업과 운동수행능력을 떨어뜨리고, 결국 참가율, 혹은 수익에 결정적인 영향을 미친다는 것이다. 안락함에 영향을 주는 요인으로 온도, 습도, 냄새, 소음, 빛, 청결함, 장식, 가구배치 등이 포함된다.

스포츠 환경의 질은 소비자의 만족도와 향후 구매의도에 영향을 미칠 것이다(장경로, 1999). Wackfield와 Sloan(1995)은 경기장의 디자인과 서비스가 관중들이 경기장에 머무르고자 하는 의도는 향후 관람의도에 영향을 직접적으로 준다고 보고하였다. 환경심리학 측면에서 볼 때, 안락하지 않고 서비스의 질이 낮다고 평가할 때 스포츠 소비자들은 오래 머물고 싶지 않을 뿐 아니라 다시 구매하고픈 욕구도 사라진다는 진리를 스포츠마케터는 명심해야 한다. 우리나라의 많은 연구자들도 경기장의 공간구조, 공간배치, 시설의 미, 청결상태, 전광판 그리고 주차시설 등은 관중의 반복구매에 영향을 미친다는 연구결과를 밝혀내었다.

김종과 유권재(1998)의 프로야구장 시설에 관한 연구에서도 야구장 접근 시 가장 불편한 점으로 주차장 이용과 교통체증이 지적되었다. Wackfield와 Sloan(1995)은 경기장에 입장하기 전에 주차하는 데 있어 복잡함과 어려움을 겪은 고객은 경기장에 대한 좋지 않은 인상을 갖게 되며, 전반적인 관람경험에 부정적인 영향을 미치게 됨을 강조하였다.

우리나라의 불편하고 불결한 매점이나 화장실 그리고 주차시설은 고품질의 서비스를 기대하는 관중들을 외면하게 만든다. 국내 스포츠의 경우, 대부분의 구단이 전용구장이나 임대구장을 확보하지 못한 실정이라, 마케터가 확장 제품을 통제하는 데 한계가 많이 있다.

혼잡성(Crowding) 역시 스포츠 소비자들의 스포츠 참여와 관람 욕구에 부정적인 영향을 미치는 요인이다(Wackfield & Sloan, 1995). 밀도(Density)는 공간 면적당 사람의 수라 할 수 있으며, 혼잡성은 공간적 제한에 대한 사람들의 주관적 인지라 정의할 수 있다. 즉, 혼잡성은 공간의 인식된 면적이 불편하거나 부적당하다고 인지하는 주관적 평가이다. 프로스포츠 관람자는 밀도 높은 공간에 있을지라도 혼잡하다는 인식을 경험하지 않을 수 있다. 혼잡성은 스포츠 참가자나 관람자에게 구매시간을 감소시키고 구매만족을 감소시킬 뿐 아니라 재구매 의도를 저하시키는 요인으로 작용할 것이다.

Melnick(1993)은 통로의 넓이와 관람석, 화장실 및 구내매점 등의 배치가 스포츠 관람의 즐거움에 영향을 준다고 보고하였다. 비좁은 통로와 화장실에서의 오랜 대기시간을 과학적인 시설설계로 줄일 수 있을 것이다. 예를 들어, 화장실의 입구와 출구를 달리하여 움직임의 흐름을 조절할 수 있을 것이다. 잠실야구장의 경우 매표창구가 한 곳밖에 없어 아수라장인 점을 감안하여 매표창구를 여러 곳에 분산시켜 마련할 필요가 있다. 혼잡성에 대한 예고, 이동식 벽 설치, 흥밋거리 제공 등을 통해서 소비자들의 혼잡성 인지를 줄여 주는 마케팅 노력이 필요하다.

또한, 시설의 디자인과 환경과의 조화는 스포츠 프로그램의 이미지와 소비자 만족에 결정적인 영향을 미칠 수 있음을 간과해서는 안된다. 예컨대, 목동아이스링크 바로 앞에 재활용 집하장과 보수공사 가건물이 있어 미관상 보기 좋지 않다. 한강을 바라보며 런닝 머신 위를 달리거나, 아름답게 펼쳐진 필드에서 스윙할 때 기분이 어떠할까? 메이저리그 샌프란시스코 자이언츠의 퍼시핏벨 구장은 샌프란시스코 만으로 홈런을 칠 수 있도록 설계되어 관중들을 사로잡는다는 전략이다.

기능적 뿐 아니라 심미적으로도 스포츠 소비자들의 관심을 끌고 욕구를 충족시켜 줄 수 있도록 설계되어야 한다.

스포츠시설은 다양한 프로그램을 제공할 수 있도록 유연성이 있게 설계되어야 한다. 예컨대, 실내체육관은 농구나 배구 등의 행사들을 유연성 있게 치를 수 있어야 공간 활용의 효율성이 높다고 하겠다. 미래에 대한 안목을 가지고 시설을 디자인할 때, 라켓볼이나, 스쿼시 등 새로운 형태의 스포츠시설을 보완하기에 용이할 것이다. 운동장 역시, 축구, 럭비, 필드하키 등을 다양하게 할 수 있도록 설계해야 한다. 시설의 경제성과 효율을 높이기 위해, 관련 시설과 유기적인 관계를 갖고 시설을 공유할 수 있는 방안도 연구해 볼 필요가 있다.

최근의 스포츠시설이 종합적인 레크리에이션 센터 형태로 변하고 있음에 주목해야 한다. 스포츠 소비자들은 수영, 헬스, 운동처방, 에어로빅댄스, 댄스스포츠 등 다양한 스포츠 활동 핵심제품과 조화를 이룰 수 있도록 갖추어져야 한다.

프로스포츠 구장도 종합 위락시설로 만들어야 다양한 관중들의 욕구를 충족시킬 수 있다. 프로미식축구의 댈러스 카우보이스는 텍사스 스타디움을 개수하며 풋볼쇼핑상가와 테마상가를 건설하여, 항시 카우보이팀과 같이 할 수 있는 전략을 수집하였다. 메이저리그 텍사스 레인저스도 홈구장에 TGI FRIDAY 레스토랑과 박물관 등을 조성하여 경기가 없을 때도 일반인들의 외식 장소로 호평받고 있다. 놀이시설이나 외식을 할 수 있는 곳이 거의 전무 한 목동경기장 주변과는 대조적이다. 또한 상이한 세분시장은 상이한 부대시설과 분위기를 선호할 수 있음도 잊지 말아야 한다. 미국의 프로리그 구단들은 스카이박스를 설치하여 호화스러운 안락의자나 고급식당을 구비하여 상류층과 기업들에게 호응을 얻으며 높은 수익을 창출하고 있다.

소비자를 만족시켜 줄 수 있는 시설의 확보 및 건설은 스포츠시설의 생존과 직결된다고 할 수 있다. 최근 미국 메이저리그의 많은 구단들이 좋은 관람환경을 관중들에게 제공하기 위해 새 야구장을 건설하고 있다. 99년 한 해 동안만 해도 새로운 구장으로 옮기기 위해 디트로이트 타이거즈는 타이거스타디움, 시애틀 매리너스는 킹돔, 휴스턴 애스트로스는 애스트로돔 등에서 고별전을 치렀다. 정부나 자치단체 또는 공공단체가 운영하는 공공스포츠시설이 공공성만을 내세우며 수익성을 무시하고 소비자의 욕구와 관심에 부응하지 못하면 냉혹한 경쟁사회에서 더 이상 살아남기 힘들 것이다. 민간부문의 경영기법 및 자본을 도입하여야 살 수 있다는 것이다.

프로구단과 지방자치단체가 공조할 필요가 있다. 프로구단은 입장수입과 중계수입 등을 올리고, 지방단체는 고용기회의 창출과 세수입의 증대를 꾀할 수 있을 것이다. 기업도 사업과 함께 투자하여 지역경제를 활성화시킬 수 있도록 공공투자의 길을 모색해야 한다. 또한, 스포츠시설 건설을 위해 구장 명칭권(Naming right)을 파는 방안도 생각해볼 필요가 있다. 구장 명칭권이란 개인이나 자치단체가 소유하고 있는 경기장에 자가 혹은 자신의 이름을 사용할 수 있는 권리이다. 예컨대, 콜로라도 로키스는 Coors field의 구장이름 값으로 2천만 달러를 받았다. 우리나라도 신축구장뿐 아니라 기존의 시설 역시 구장 명칭권을 판매함으로써 구장의 보수와 신축 시에 재정적 어려움을 어느 정도 줄일 수 있는 방안을 모색해 볼 필요가 있다고 본다.

2) 시간표 전략

소비자들이 언제 얼마만큼 시간을 소비할 수 있는지 스포츠마케터는 파악해야 한다. 시간적 요인은 하루 중 시간대, 주 중 시간대, 일년 중 계절, 기간, 시간의 양 그리고 프로그램의 제공 빈도 등이 포함된다. 대개 초등학생을 둔 전업주부의 경우에는 10시에서 4시경을 선호할 가능성이 많다. 어떤 사람은 주말에 어떤 사람은 주중에 참가하기를 좋아할 수 있다. 강습기간을 일주일에 1회씩 오랜 기간 참가하기를 원하는 있는가 하면 단기간에 몰아서 배우고 싶어 하는 참가자가 있다. 자녀를 태권도장에 보내는 어떤 부모의 경우, 다른 학원에도 보내고 학교 공부도 시켜야 하기 때문에 매일 도장에 보내기를 부담스러워 할 수 있다.

스포츠 서비스나 이벤트의 시간대와 경기시간은 소비자들이 어느 정도 예측할 수 있어야 한다. 영국의 프리미어 프로축구 경기는 토요일 3시에 일정하게 열리기 때문에 축구 소비자들은 경기시간 기억에 혼선이 없다. 하지만, 우리나라 일부 프로스포츠 연맹들은 연맹의 무책임뿐 아니라 구단과 방송사의 편의주의 때문에 경기 일정이 고무줄처럼 바뀌기도 한다.

3) 입장권 유통경로

스포츠 참가를 위해 소비자들이 입장권을 구매하거나 회원권을 구매할 때 복잡한 등록절차나 대기시간 등으로 종종 불만을 갖게 된다. 자동응답기로 미로를 찾듯이 어렵게 연결되는 안내전화나 불친절한 안내원 역시 소비자들의 불만을 자아낼 것이다. 소비자들은 편리하고 쉽게 등록하기를 원하며, 어떤 소비자는 등록 전에 보다 구체적이고 많은 정보를 얻기 원한다. 서비스의 질뿐 아니라 속도까지 원하는 현대인들의 욕구를 충족시켜 주어야 한다. 알기 쉽게 설명이 된 책자 배포, 대기번호표 발부, 간단한 음료 제공, 놀이방 운영, 비디오 상영 등으로 등록 대기 시에 발생할 수 있는 고객들의 불만을 최소화할 수 있을 것이다. 등록에 관한 모든 업무를 통신과 인터넷을 이용하거나 자동이체를 통해 할 수 있도록 하여 소비자들의 편의를 도모할 필요가 있다.

성공적인 입장권 유통은 수익성과 소비자 만족에 직결이 된다. Howard와 Crompton(1995)에 따르면, NBA와 NHL이 입장수입으로 각각 전체 수입의 41%와 59%를 차지한다고 보고하였다. 반면 우리나라 프로구단의 입장수입은 70%를 차지한다(정희윤, 1998). 입장수입의 증가는 기념품 및 식음료 판매뿐 아니라 TV중계수입과 스폰서십에 직결되므로, 관중동원의 한 방법으로 입장권 판매를 체계적이며 효율적으로 해야 한다. 한 예로 시즌티켓을 판매함으로써, 구단은 고정 수입원을 미리 확보할 수 있게 되고, 시즌티켓 구매자는 입장권 반복 구매의 번거로움을 덜 수 있을 것이다.

입장권 유통을 구단이나 연맹에서 직접 운영할 수도 있지만, 미국의 경우에는 76%의 스포츠 구단이 유통전문회사를 이용하고 있으며, 전체 입장권의 33% 미만을 유통전문회사가 판매하는 것으로 조사되었다(Miller & Fielding, 1997). 미국 프로스포츠의 모든 구단이 전문유통회사에 입장권 유통을 이용하는 것이 아니라, 가격이 저렴하고 성능이 뛰어난 컴퓨터의 보급으로 약 24%의 개별 구단이 입장권 판매를 직접 실시하고 있다(Miller & Fielding, 1997). 미국의 입장권 전문회사로 가장 잘 알려져 있는 티켓트론(Tickettron)이 1968년에 처음으로 컴퓨터화하여 경기입장권 유통을 대행하였다.

티켓트론과 같은 전문유통회사를 이용할 경우 한곳에서 여러 입장권을 판매하게 되므로 가시성과 경제성이 있다는 장점이 있다. 단점으로는, 구단이나 스포츠조직의 통제력이 떨어지게 되며, 입장료도 당연히 높아지게 된다. Spring(1994)의 연구 보고서에 따르면, 입장권 유통전문회사를 통해 입장권을 유통할 때는 순수한 입장료보다도 8~44% 높게 가격이 책정된다는 것이다. Miller와 Fielding(1997)은 구단의 현실에 맞게 유통전문회사와 협력관계를 유지할 때 소비자들의 만족과 구단의 이윤을 극대화할 수 있음을 강조하였다. 또한, 구단이 유통전문회사와 유기적인 관계를 갖고 정기적인 직원교육 및 감사를 통해 통제하고, 구단이 정당한 권리를 주잘 할 수 있도록 계약이 이루어져야 함을 제시하였다.

관람스포츠의 입장권 구매용이성이 스포츠 소비자들의 구매의도에 결정적인 영향을 미친다. 편리한 시간에 공간적인 제약 없이 입장권을 구매할 수 있도록 구매편리성을 높여야 한다. 즉, 입장권구매가 용이하면 할수록 입장권 판매량이 증가할 것이다. 이렇게 다양한 입장권 구매 대안이 제시될 때, 구매 접근용이성 측면에서 스포츠소비자들의 만족은 커지리라 본다. 물론, 오래 줄 서서 기다리다 지치고 짜증나는 과거의 입장권 구매방법이 많이 시정되긴 하였지만, 경기 당일 예매창구에서 예약사항을 확인하는 절차나 환불하는 절차가 보다 편리할 수 있도록 연구돼야 할 것이다.

3. 유통경로의 개념

유통경로는 제조업자에서부터 대리인, 물류업자, 도매업자 등을 거쳐 소매상에게 전달된 후 소비자에게 전달되는 구조를 가지고 있다.

유통은 생산자의 제품과 서비스를 소비자에게 전달하는 활동이다. 스포츠 마케터는 소비자들에게 최상의 상품을 전달할 수 있는 최선의 경로를 찾는다. 유통경로는 크게 두 가지로 나눌 수 있다.

첫째, 생산자와 소비자가 직접거래하는 것이다. 초등학교 운동회 혹은 동호인 친목 도모 대회처럼 교육적인 냄새가 물씬 풍기는 체육활동의 예를 들어보자. 예산을 갖고 있는 주최자(생산자)가 무상 혹은 소정의 참가비를 받고 소규모 대회를 치를 수 있다. 하지만 스포츠 마케팅 시장에서는 직접 거래를 하기엔 너무나 복잡한 이해 당사자 간의 역학관계가 있어서 생산자와 소비자 사이의 중간상 역할이 중요하다.

둘째, 생산자와 소비자 사이에 중간상이 있을 경우다. 중간상은 도매상(wholesalers)과 소매상(retailers)이 수행하는데, 통상 도매상은 최종소비자에게 생산품을 판매하지 않고 소매상을 거치게 한다. 그렇다면 어떤 이점이 있기에 생산자는 중간상을 거쳐 최종소비자에게 전달하는 것일까.

우선 스포츠 생산자는 중간상을 통해 거래의 경제성을 확보할 수 있다. '거래의 경제성'이란 어떤 의미인가. 월드컵을 예로 들어보자. 국제축구연맹(FIFA)은 생산자로서 효과적인 '스포츠의 마케팅(marketing of sports)'을 하기 위해 노력한다. FIFA는 수익을 확보하기 위해 스폰서십에 관심 있는 기업을 직접 물색하기보다는 전문 대행사(중간상)를 통해 협찬사를 찾는다. 기업은 스포츠 생산품(월드컵)을 통해 자사의 브랜드와 이미지를 고객에게 전달하는 중간상 역할을 하기도 하지만, 그 생산품에 돈을 지불하는 소비자이기도 하다. FIFA가 잠재적 소비자를 찾기 위해 수많은 기업과 직접 거래하려면 기업 숫자만큼 접촉 횟수도 많아질 것이다. 하지만 중간상(전문 대행사)을 통한다면 기업과의 수많은 접촉은 생산자의 몫이 아니기 때문에 '거래의 경제성'이 성립된다.

그리고 중간상을 이용하면 시간, 장소, 소유의 세 가지 효용을 창출하는 효과가 있다. 시간 효용(time utility)은 소비자가 원할 때 상품을 구매할 수 있도록 편의를 제공함으로써 발생한다. 미디어(중간상)를 통해 2016년 리우올림픽에 시간을 소비하며 직접 가지 않더라도 언제든지 볼 수 있다. '장소 효용(place utility)'은 소비자가 원하는 장소에서 상품을 구매할 수 있도록 편의를 제공함으로써 발생한다. 공간·지리적 입지조건을 중시하는 경기장, 즉 매개 공간을 통해 선수들의 경기(상품)를 쉽게 구매할 수 있다. '소유 효용(possession utility)'은 소비자가 상품을 소유할 수 있도록 편의를 제공함으로써 발생한다. 스포츠의 각종 상품(용품, 경기 등)을 구매할 수 있는 중간상(온·오프라인)을 통해 용품 및 경기 관람권을 구매할 수 있다.

4. 유통경로의 유형

유통경로의 유형은 시간, 장소, 소유형태를 고려하여 설정하여야 한다. 유통에 소요되는 시간을 줄이기 위해서는 소비자에게 최단 경로로 제품을 전달하여야 한다. 또한 물품을 보관할 수 있는 장소와 유통의 중간 지점이 되는 장소의 존재 유무, 위치를 고려하여야 한다. 다음으로 물품 생산에 있어 소비자의 수요, 소비자와 소매상의 주문 시점을 고려하고 재고 처리 방안을 미리 소매업자와 결정하여 제품을 유통시켜야 한다.

유통의 집약 수준은 얼마나 스포츠 산업 내의 산업체가 생산하는 제품이 집약적(Intensive)인지, 선택적(Selective)인지, 독점적(Exclusive)인지에 따라 결정된다.

유통경로의 유형을 살펴보면 다음과 같다.

① **직접 마케팅 경로**
제조업자가 중간상을 거치지 않고 직접 소비자에게 판매하는 형

태이다.
(제조자 ➜ 소비자)

② 도매상이 없는 형태
소매상이 제조업자로부터 제품을 공급받아 소비자에게 판매한다.
(제조자 ➜ 소매상 ➜ 소비자)

③ 전형적인 유통경로
제조자 ➜ 도매상 ➜ 소매상 ➜ 소비자)

④ 제조업자와 도매상 사이에 여러 유형의 도매상이 관여하는 형태
생산자가 영세하여 지리적으로 널리 흩어져 있는 경우에 사용된다.

[참고문헌]

김용국, 이경숙(2013). 스포츠마케팅의 이해. 한올.

김정만, 전찬수(2009). 소포츠마케팅, 대한미디어.

이정학(2012). 스포츠마케팅. 한국학술정보.

김용만, 박세혁, 전호문(2009). 스포츠마케팅. 학현사.

김도균(2011). 스포츠마케팅. 오래.

이병기, 김주호(2014). 스포츠마케팅. 대경북스.

강현민, 육종술, 김차용, 손종열, 정우진(1998). 프로야구단 경영전략을 위한 지역 별관중성향 분석. **한국사회체육학회지, 9**, 281-295.

송기성, 최영란(1999). 스포츠리그 경영의 흥미제고를 위한 새로운 전략 평가법. **한국스포츠행정경영학회지, 4(2)**, 143-156.

이종호(2005). 프로스포츠 서비스품질지각에 따른 포지셔닝 전략. **한국체육학회지, 44**, 595-609.

김용만(2002). 스포츠마케팅 커뮤니케이션. 서울: 학현사.

김진성(1997). 마케팅. 서울: 법경사.

박세혁(1996). 가격정보가 사회체육 소비자들의 준거가격에 미치는 영향. **한국스포츠행정·경영학회지**, 창간호, 85-96.

송용섭, 김형순(1998). 마케팅. 서울: 문영사.

예종석, 김명수(1998). 마케팅. 서울: 박영사.

윤훈현, 이수동(1992). 현대마케팅론. 서울: 범한서적주식회사.

한국야구위원회(2003). **2003 한국프로야구연감.** 서울 한국야구위원회.

김용만(1997). 프로스포츠 경기장 시설과 스포츠 소비자의 반복구매와의 관계. **한국체육학회지, 36(1)**, 359-367.

김종, 유권재(1998). 국내 프로야구장 시설 및 서비스 만족에 관한 연구. **한국스포츠행정 · 경영학회지, 5(1)**, 1-15.

이용식, 오연풍, 조송현(2000). 경기관람시설이 관중반응에 미치는 영향. **한국체육학회지, 39(3)**, 881-888.

장경로(1999). 경기장 시설이 관중의 만족도와 향후 경기 관람의도에 미치는 영향에 관한 연구. **한국스포츠행정 · 경영학회지, 4(2)**, 1-12.

정희윤(1998. 6). 한국 프로야구 비즈니스의 한계성 극복을 위한 해결과제. **월간 스포츠비즈니스**, 46-49.

박경욱(1994). 새로운 커뮤니케이션 전략-PR. 서울: 도서출판 인간사랑.

송용섭, 김형순(1998). 마케팅. 서울: 문영사.

송해룡(1997). 스포츠 광고와 커뮤니케이션. 서울: 한울아카데미.

안광호, 유창조(1999). 광고원론: 통합적 마케팅 커뮤니케이션 접근. 서울: 법문사.

안길상, 오태현, 전인수, 노영성, 김기찬, 박철 역(1999). 마케팅 커뮤니케이션1. 서울: 도서출판 석정.

윤훈현(1997). 소비자행동론. 서울: 시그마프레스.

임재만(1996). 신선한 컨셉트의 활동. 사보엘지에드, 9월, 5.

정수경(1996). 국제광고론. 서울: 도서출판 진리탐구.

채석완(1999. 4). 영국 프로축구의 마케팅. **월간마케팅** [On-line serial]. Available: http://www.kmarketing.co.kr

Crompton, D. R., & Lamb, C. W.(1986). *Marketing government and social services.* New York: John Wiley & Sons.

Howard, D. R., & Crompton, J. L.(1995). *Financing sport.* Morgantown, WV: Fitness Information Technology.

Melnick, M. J.(1993). Searching for sociability in the stands; A theory of sports spectating. *Journal of sport Management, 7(1),* 44-60.

Miller, L. K., & Fielding, L. W.(1997). Ticket distribution agencies and professional sport franchises: The successful partnership. *Sport Marketing Quarterly, 6(1),* 47-60.

Mullin, B. J., Hardy, S., & Sutton, W. A.(1993). Sport marketing. Champaign, IL: Human Kinetics.

O' Sullivan, E. L.(1991). *Marketing for parks, and leisure.* State College, PA: Venture Publishing.

Peterson, J. A., & Tharrett, S. J.(1991). Making your facility environmentally sound. *Fitness Management,* 44-46.

Railey, J. H., & Railey, P. A.(1998). Managing physical education, fitness, and sports programs. *Mountain view.* CA: Mayfield Publishing.

Sol, N., & Foster, C.(1992). *ACSM's health / fitness facility standards and guidelines.* Champaign, IL: Human Kinetics.

Spring, G.(1994. October 10). Consumer group hits Ticket master over alleged hidden fees. *Los Angeles Business Journal,* pp.1,39.

Wakefield, K. L., & Sloan, H. J.(1995). The effects of term loyalty and selected stadium factors on spectator attendance. *Journal of Sport Management,* 9, 153-172.

Zhang, J. J., Peasse, D. G., Hul, S. C., & Michaud. T. J.(1995). Variables affecting the spectator decision to attend NBA games. S*port Marketing Quarterly, 4(4),* 29-39.

Branvold, S. E., & Pan, D. W., & Gabert, T. E.(1997). Effects of winning percentage and market size on attendance in minor league baseball. *Sport Marketing Quarterly,* 6(4), 35-42.

Crompton, J. L., & Lamb, C. W.(1986). *Marketing government and social services.* New York: john Wiley & Sons.

Higgins, S. H., & Martin, J. H.(1996). Managing sport innovations: A diffusion theory perspective. *Sport Marketing Quarterly, 5(1),* 43-48.

Iso-Ahola, S. E.(1980). *The social psychology of leisure and recreation.* Dubuque, Iowa: Wm. C. Brown Company.

Mullin, B. J., Hardy, S., & Sutton, W. A.(1993). *Sport marketing.* Champaign, IL: Human Kinetics.

Rogers, E. M.(1993). *Diffusion of innovation* (3rd ed.). New York: Free press.

Sutton, W. A., & Parrett, I.(1992). Marketing the core product in professional team sports in the United States. *Sport Marketing Quarterly, 1(2),* 7-19.

Tull, D. S., & Kahle, L. R.(1990). *Marketing management.* New York: Macmillan.

Diamond, W. D., & Campbell, L.(1982). The framing of sales promotions: Effects on reference price change. *Advances in Consumer Research,* 16, 241-247.

pitts, B. G., & Stotlar, D. K.(1996). *Fundamentals of sport marketing.* Morgantown, WV: Fitness Information Technology.

Rajendran, K. N., & Tellis, G. J.(1994). Contextual and temporal components of reference price. *Journal of Marketing, 58,* 22-34.

Stanton, W. J., & Charles, F.(1987). *Fundamentals of marketing* (8th ed). Dubuque, IL: McGraw-Hill.

Burton, R., & Cornilles, R. Y. (1998). Emerging theory in team sport sales: Selling tickets in a more competitive arena. sport marketing Quarterly, 7(1), 29-37.

Hill, J. R., Madura, J., & Zuber, R. A. (1982). The short run demand for major league baseball. Atlantic Economic Journal, 10(2), 31-35.

McDonald, M., & Rascher, D.(2000). Does bat day make cents? The effect of promotions on the demand for major league baseball. Journal of Sport Management, 14, 8-27.

Mullin, B. J., Hardy, S., & Sutton, W. A. 91993). Sport Marketing. Champaign, Illinois: Human Kinetics Publishers.

Pitts, B. G., & Stotlar, D. K. (1996). Fundamentals of sport marketing. Morgantown, WV: Fitness Information Technology.

Shimp, T. A. (1997). Advertising, promotion, and Supplemental aspects of integrated marketing communications. The Dryden press.

Shoham, A., & Rose, G. M. (2000). Predicting future sport consumption: The impact of perceived benefits. Sport Marketing Quarterly, 9(1), 8-14.

스포츠 마케팅
Sports Marketing

저　자	오주훈 · 著
발 행 처	도서출판 에듀컨텐츠휴피아
발 행 인	李 相 烈
발 행 일	초판 1쇄 · 2020년 12월 30일
출판등록	제2017-000042호 (2002년 1월 9일 신고등록)
주　소	서울 광진구 자양로 28길 98, 동양빌딩
전　화	(02) 443-6366
팩　스	(02) 443-6376
e-mail	huepia@daum.net
web	http://cafe.naver.com/eduhuepia
만든사람들	기획 · 김수아 / 책임편집 · 이진훈 황혜영 박나영 장지원 주세훈 문지현 디자인 · 유충현 / 영업 · 이순우
정　가	15,000원
I S B N	978-89-6356-291-9 (93690)

※ 책의 일부 또는 전체에 대하여 무단복사, 복제는 저작권법에 위배됩니다.

[도서검색용 QR코드]